수학탐정 매키와
수학도둑 누팡의 대결

▓▓ 일러두기 ▓▓

- 이 책은 두리미디어에서 3권까지 발행한 『수학탐정 매키와 누팡의 대결』을 5권 완간으로 새롭게 펴낸 책입니다.
- 이 책은 '꿈수영(꿈꾸는 수학영재)' 시리즈의 세 번째 책입니다. 꿈수영 시리즈는 초등수학을 공부하는 데 유익한 수학동화 시리즈입니다. 대치동에서 수학동화 읽기와 탐구노트 쓰기로 입소문 난 매쓰몽의 교육 노하우로 만든 책들로 구성했습니다.
- 수학동화를 이용한 수학수업과 수학탐구노트 쓰기와 관련된 더 많은 자료는 네이버 매쓰몽 카페(http://cafe.naver.com/brenos)와 블로그(http://blog.naver.com/tndhkqnr86)를 참고하시기 바랍니다.

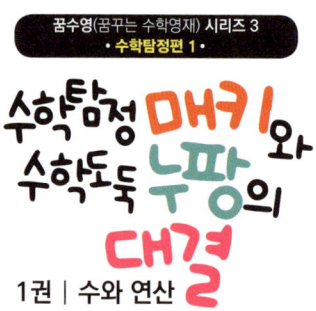

초판 1쇄 찍은날·2023년 5월 1일
초판 1쇄 펴낸날·2023년 5월 8일
펴낸이·박정희 | 펴낸곳·수와북 | 출판등록·제2013-000156호
주소·서울특별시 강남구 선릉로 120, 3층
전화·02-6731-1743 | 팩스·031-911-7931
이메일·pjh0812@naver.com

ISBN 979-11-92633-62-6 (73410)

- 책값은 표지 뒤쪽에 있습니다.
- 파본은 구입하신 서점에서 교환해 드립니다.

꿈수영(꿈꾸는 수학영재) 시리즈 3
• 수학탐정편 1 •

수학탐정 매키와 수학도둑 누팡의 대결

1권 | 수와 연산

정완상 지음 | 김예림 그림

흥미진진한 탐정 이야기로 익히는 초등 수학의 전 과정!

수와북 The Story of Math

'꿈수영' 시리즈 세 번째 책을 펴내며

'어떻게 하면 수학을 재미있게 공부할 수 있을까?'

많은 친구들이 수학은 재미없고 어렵지만 중요한 과목이라서 억지로 공부한다고 말합니다. 숫자만 가득한 식을 계산하라고 하면 수학이 싫어지겠죠? 하지만 수학은 재미없고 어려운 과목이 아니랍니다.

오랫동안 수학을 가르치면서, 어떻게 하면 수학을 재미있게 공부할 수 있을지 고민했답니다. 그러다 수학동화를 읽으면 어렵게 느껴지는 수학이 재미있어지고, 탐구노트를 쓰면 수학적 사고력과 창의력을 기를 수 있음을 알게 되었죠.

그래서 2010년 대치동에서 브레노스(지금의 매쓰몽)라는 학원을 개원하고 초등학생들과 함께 수학동화를 읽고 토론하며, 그 주제를 확장시켜 탐구노트를 쓰면서 수학을 재미있게 공부했답니다. 실제로 이렇게 수학동화를 읽고 탐구노트를 쓰며 수학적 사고력과 창의력을 키운 덕분에 전국경시대회에서 대상을 받는 친구들도 있고, 대학부설 및 교육청 영재교육원에도 많은 친구들이 합격했어요. 특히 사고력 문제와 서술형 시험에서 뛰어난 성과를 거두었죠.

한 달에 두 권 정도의 수학동화를 읽고 탐구노트를 쓰는 것만으로도 수학 공부를 충분히 할 수 있다는 것을 경험한 우리는, '꿈수영(꿈꾸는 수학영재)' 시리즈를 기획하게 되었습니다. 꿈수영 시리즈는 초등수학 교과과정을 재미있게 공부할 수 있도록 만든 수학동화 시리즈입니다. 초등수학의 교과과정은 '수와 연산', '도형', '측정', '규칙성', '자료와 가능성'으로 영역이 나뉩니다. 그런데 수학을 진짜 잘하기 위해서는 이 영역 외에도 읽어야 할 책들이 있답니다. 바로 '사고력'과 관련된 책들입니다.

'꿈수영(꿈꾸는 수학영재)' 시리즈의 세 번째 책인 『수학탐정 매키와 수학도둑 누팡의 대결-1권 수와 연산』은, 수학탐정 매키와 수학도둑 누팡이 대결하는 이야기를 통해 문제가 어떤 답을 요구하는지, 그리고 문제에 어떻게 접근해야 하는지를 알려줌으로써 스스로 수학 문제를 해결하는 능력을 기르도록 했습니다. 어린이들이 좋아하는 탐정 이야기를 통해 수학 문제를 스스로 생각해 나가면서 깨칠 수 있도록 만든 책입니다. 기계적으로 외우기만 하거나 같은 문제를 반복하여 푸는 수학 공부법보다는 스스로 생각하면서 수학 문제를 정복해 보는 훈련이 수학 실력 향상에 큰 도움이 될 것입니다. 이 책이 여러분에게 좋은 친구가 되어 주기를 바랍니다.

수학탐정 시리즈를 펴내며

수학은 계산이 아니라 논리입니다. 논리적으로 생각하는 것이 수학을 잘하는 방법이지요. 계산만 반복하면 수학자가 아니라 계산도사가 될 수 있습니다. 계산도사들은 논리를 요구하는 수많은 문장형 문제를 접하게 되면 어려움을 느낄 수 있습니다. 이러한 문장형 문제를 마주치면 논리적으로 생각해 문제를 푸는 순서를 만들어야 합니다.

이 시리즈는 수학 논리가 뛰어난 매키라는 소년과 수학도둑 누팡의 대결을 통해 수학 논리를 키우는 방법을 재미있게 소개하고 있습니다. 많은 어린이들이 탐정 이야기를 좋아합니다. 저 역시 어린 시절에 괴도 루팡, 셜록 홈즈와 같은 책을 많이 읽었습니다.

초등학교의 수학 과정은 다음과 같이 다섯 개의 영역으로 분류됩니다.

1. 수와 연산
2. 도형
3. 문자와 식
4. 규칙성과 함수
5. 경우의 수와 통계

따라서 이 시리즈 역시 전체 다섯 권을 통해 초등 수학의 전 영역에서 다루는 사고력 문제를 다루고 있습니다. 기계적으로 외우기만 하거나 같은 문제를 반복해서 푸는 수학 공부보다는 스스로 생각하면서 수학 문제를 정복해 보는 훈련이 수학 실력 향상에 도움이 됩니다. 그런 이유로 어린이들이 좋아하는 탐정 이야기를 통해 수학 문제를 아이들이 스스로 익힐 수 있도록 이 책을 집필했습니다.

매키와 함께 사건을 해결하다 보면 논리력과 사고력을 키우게 되고 문제해결 능력을 키울 수 있을 것입니다. 아울러 중

고등학교에 진학했을 때 맞닥뜨릴 수 있는 논리를 요구하는 수학 문제에도 대비할 수 있습니다.

   이 책을 내는 데 도움을 주신 수와북 출판사 여러분에게 감사의 마음을 전합니다.

국립 경상대학교 물리학과 교수 정완상

등장인물

*** 매키**

IQ 160의 소유자로 초등학교에 다니는 수학천재 소년이다. 미소를 잘 짓고, 눈이 나빠 커다란 안경을 쓰고 다니며, 누가 봐도 모범생으로 보이는 소년이다. 항상 명랑한 편이며, 숫자를 한 번 보고도 외우는 능력이 있고, 로고스 시의 대학생과 견줄 정도로 수학 실력이 뛰어나다. 의협심이 강하고 호기심이 왕성하며, 뭐든지 겁 없이 도전하는 성격이다. 학교생활도 모범적이고, 친구들의 일을 자신의 일처럼 생각해 잘 해결해 주며, 용감한 성격으로 주저브 경감을 도와서 누팡과 맞선다.

*** 누팡**

그가 왜 로고스 시에 왔는지 그가 왜 도둑질을 하는지에 대해서는 알려진 바가 없다. 하지만 그는 자신을 추종하는 몇 명의 부하와 함께 로고스 시에 은신하면서 수학을 이용해 도둑질을 일삼는다. 하지만 사람은 해치지 않으며, 어떨 때는 자신의 수학 실력을 뽐내기 위해 사건을 일으키기도 한다. 누팡은 과거에 수학 논문을 표절하여 학계에서 추방당한 젊은 수학자로 알려져 있다. 역삼각형 모양의 예리해 보이는 얼굴로 항상 선글라스를 쓰고 다니며 변장을 잘하는 것으로 알려져 있다. 20대의 나이로 알려져 있다.

* 주저브 경감

로고스 시에서 조그만 경찰서를 지키면서 사건을 해결하는 혼자 사는 50대의 남자이다. 약간 보수적이고 수학 실력은 형편없는 편이어서, 매키가 없을 때는 누팡의 수학 속임수에 자주 당한다. 낮잠을 자주 자고, 똥배가 조금 나와서 민첩성은 없고 조금은 엄한 편이지만 매키와는 다정한 친구처럼 사이가 좋다.

* 포터 형사

주저브 경감의 부하 직원으로 매키의 도움을 받아 주저브 경감과 함께 사건을 해결하곤 한다. 엄청나게 성실해서 주저브 경감이 낮잠을 잘 때도 증거를 수집하러 다니는 모습을 종종 볼 수 있다.

차례

머리말 ☆ '꿈수영' 시리즈 세 번째 책을 펴내며 • 04

지은이의 말 ☆ 수학탐정 시리즈를 펴내며 • 07

등장인물 ☆ 10

 1장 뺑소니차의 번호를 알아내라 - **네 자릿수** • 14
수학특강 | 네 자릿수 • 24

 2장 해킹용의자의 비밀번호를 찾아라 - **곱셈** • 26
수학특강 | 짝수와 홀수의 곱셈 • 34

 3장 누팡! 미나리자를 훔치다 - **나눗셈** • 36
수학특강 | 몫과 나머지 • 46

 4장 사라진 다이아몬드 - **약수** • 50
수학특강 | 약수와 소수 • 60

 5장 비밀금고의 암호를 풀어라 - **카탈랑 수** • 64
수학특강 | 완전수 • 72

 6장 영수증의 비밀 - **배수** • 78
수학특강 | 배수 판정법 • 88

7장 200장의 카드 – 배수의 이용 • 94
수학특강 | 짝수와 홀수의 성질 이용하기 • 103

8장 오뎅의 '생각 안 하는 사람'
– 일정한 규칙을 가진 수들의 합 • 106
수학특강 | 일정한 규칙을 가지는 수들의 합을 구하는 방법 • 117

9장 누팡 유인 작전 – 수열 • 120
수학특강 | 정다각형으로 수열 만들기 • 129

10장 피보나치 박사 납치사건
– 피보나치 수열과 트리보나치 수열 • 132
수학특강 | 피보나치 수열의 성질 • 142

11장 여가수 제니타 레일 실종 사건 – 최소 공배수 • 146
수학특강 | 최대 공약수와 최소 공배수 • 156

12장 DeCaLuXiV – 로마수 • 160
수학특강 | 로마수 • 168

13장 엉덩이로 가라(GO TO HIP) – 암호 • 172
수학특강 | 암호 이야기 • 181

 탐구노트 쓰기 • 184

뺑소니차의 번호를 알아내라
-네 자릿수

　　새벽 5시. 새벽의 적막을 깨고 매키의 휴대폰에서 '카톡 왔숑' 하는 소리가 들렸다. 잠에서 덜 깬 매키가 휴대폰을 들여다보았다.

　　토미: 큰일 났어.
　　매키: 뭔 일?
　　토미: 라렌이 교통사고가 났어!
　　매키: 뭐라고?!

　　매키는 깜짝 놀라 이불을 걷어차고 병원으로 달려갔다.

병원 응급실에 도착한 매키는 침대에 누워 잠들어 있는 라렌과 그 옆에 앉아 졸고 있는 토미를 발견했다. 매키는 토미를 살짝 깨웠다.

"토미, 어떻게 된 거야?"

"매키!"

둘은 잠들어 있는 라렌을 깨우지 않기 위해 응급실 밖으로 나왔다.

"그게 말이지. 새벽 4시쯤 우리 집 앞에서 '끼익!' 하는 자동차 소리가 나는 거야. 놀라서 나가 봤더니 자동차는 없고 라렌이 바닥에 쓰러져 있었어! 그래서 당장 구급차를 불러 병원으로 데려왔지."

"그랬구나. 그런데 라렌은 그 시간에 왜 거기에 있었던 거야?"

"그게 말이지……."

토미는 대답하지 않고 잠시 머뭇거렸다. 잠시 후 입을 열었다.

"그동안 라렌이 우리 몰래 편의점에서 새벽 4시까지 알바를 하고 있었대. 알바를 마치고 집에 가는 길에 사고가 난 거야. 아까 경찰이 조사하는 것을 보고 알았는데 라렌은…… 두 명의 동생을 책임지고 있는 소녀 가장이래."

"뭐?!"

매키는 놀라움을 감추지 못했다.

"나도 전혀 몰랐어. 그동안 우리에게 전혀 그런 내색을 안 했으니까. 그런데 한편으론 이해가 돼. 라렌은 자존심 빼면 시체잖아……. 지금 문제는 그게 아니라 뺑소니 운전자를 찾는 거야. 라렌은 당장 병원비도 없을 뿐만 아니라 이렇게 병원에 누워 있으면 동생들이 굶어야 할지도 몰라."

매키와 토미는 한참이나 침묵에 빠져 있었다.

"토미! 일단 사건 현장으로 가 보자! 목격자가 있을지도 몰라!"

둘은 병원 밖으로 나와 사건이 발생한 토미의 집 앞으로 갔다.

사건 현장에는 이미 경찰들이 도착해서 수사를 펼치고 있었다.

"매키!"

포터 형사였다.

"포터 아저씨! 목격자 제보 들어온 거 있나요?"

"응, 4개 정도 들어왔는데 별 도움이 안 돼. 그런데 네 옷차림이……."

매키는 고개를 숙여 자신의 옷을 살펴보았다. 매키가 입고 있는 것은 다름 아닌 잠옷이었다. 사고 소식을 듣자마자 정신없이 병원에 가느라 미처 옷을 갈아입지 못한 것이다.

"아, 이거 요즘 유행하는 아이템이에요. 파자마 룩이라고……."

당황한 매키는 대충 얼버무리고 다시 화제를 사건으로 돌렸다.

"그런데 아저씨, 그 네 개의 도움 안 되는 제보라는 게 어떤 건가요?"

"음……."

포터 형사는 자신의 수사 노트를 매키에게 보여 주었다. 수사 노트는 자동차 번호판과 관계된 것이었다.

목격자 1: 자동차 번호판에는 3이 두 개 있다.

목격자 2: 맨 앞자리의 수는 3이 아니고, 번호판의 숫자 중에는 0이 없다.

목격자 3: 각 자릿수의 합은 20이다.

목격자 4: 십의 자릿수가 일의 자릿수의 두 배이다.

"사건을 해결하는 데 목격자의 제보가 중요한 단서를 제공

해 주는 게 보통이지만 이번 사건은 아닌 것 같아."

포터 형사가 한숨을 쉬며 말했다. 그때 주저브 경감이 허겁지겁 달려왔다.

"범인은 누구야?"

"지금 조사 중이에요."

포터 형사가 말했다.

"포터 아저씨, 자동차 번호판은 네 자릿수죠?"

매키가 물었다.

"물론이지."

포터 형사가 대답했다. 잠시 후 목격자들의 제보를 유심히 살펴보던 매키의 얼굴에 환한 미소가 번졌다.

"뺑소니 차량의 번호를 알아냈어요!"

수학탐정 매키가 알아낸 뺑소니 차의 번호는 뭘까?

1) 4363   2) 6363   3) 8363

 **수학으로 범인 찾기**

 8363이에요!

 왜 8363이지?

 자동차 번호판은 네 개의 숫자로 이루어져 있어요. 목격자 1의 제보를 따르면 3이 두 개이니까 가능한 번호판은 다음의 여섯 가지 중 하나예요.

33□△   3□3△   3□△3
□33△   □3△3   □△33

 목격자 2는 맨 앞자리의 수가 3이 아니라고 했잖아?

 그러니까 처음 세 경우는 해당하지 않아요. 따라서 다음과 같이 세 경우가 남지요.

(가) □33△   (나) □3△3   (다) □△33

 세 가지 유형이라서 찾기가 쉽지 않겠군.

목격자 4의 제보를 보세요. 십의 자릿수가 일의 자릿수의 두 배라고 했잖아요? (가)의 경우에는 '3=2×△'가 되어야 하는데, 이런 자연수 △는 없어요. 그러니까 (가)는 해당하지 않아요. 이제 (나)를 보죠. (나)의 경우에는 '△=2×3=6'이 돼요. 이제 (다)를 보죠.

(다)는 십의 자릿수와 일의 자릿수가 같으니까 안 돼.

맞아요. 그러니까 가능한 경우는 (나)의 경우예요.

그럼 (나)의 맨 앞자리 번호만 알면 되겠군! 포터, 다음 번호판 차량을 조사해!

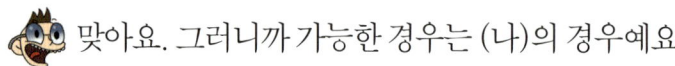

1363, 2363, 3363, 4363, 5363,
6363, 7363, 8363, 9363

그럴 필요 없어요. 목격자 3의 제보에 따르면 각 자릿수의 합이 20이잖아요? '□+3+6+3=20'이 되어야 하니까 '□=8'이에요. 그러니까 뺑소니 차의 번호는 '8363'이라고요!

네 자릿수

네 자릿수 7,536을 예로 들어보죠. 7을 천의 자릿수, 5를 백의 자릿수, 3을 십의 자릿수, 6을 일의 자릿수라고 하죠. 이 수는 다음과 같이 나타낼 수 있어요.

$$7,536 = 7,000 + 500 + 30 + 6$$
$$= 7 \times 1,000 + 5 \times 100 + 3 \times 10 + 6$$

이번에는 다음 조건을 만족하는 네 자릿수를 찾아보죠.

1) 숫자들이 좌우대칭이다.
2) 모든 자릿수의 합이 24이다.

3) 십의 자릿수가 일의 자릿수보다 4가 작다.

1)번 조건에 따르면 이 수는 □△△□의 꼴이에요.

2)번 조건에 따르면 모든 자릿수의 합이 24이므로 '□+△+△+□=24'죠. 이 식의 좌변을 보면 □와 △가 두 개씩이므로 '□+△=12'가 되어요.

3)번 조건에 따르면 십의 자릿수 △는 일의 자릿수 □보다 4가 작으므로 '□=△+4'이 되죠. '□=△+4'를 '□+△=12'로 바꾸면 '△+4+△=12'가 되고, 이 식을 만족하는 '△=4'이죠. 따라서 '□=8'이 되므로 구하는 수는 8,448이지요.

수학을 알면 큰 도움이 되죠!

해킹용의자의
비밀번호를 찾아라
-곱셈

"국장님! 큰일 났습니다!"

중앙정보국 요원인 메이의 얼굴은 창백했다.

"무슨 일인가?"

국장은 책상 위에 얹어 두었던 다리를 내리며 거만하게 물었다.

"중앙정보국의 중앙 시스템이 해킹당했습니다!"

"뭐야?!"

국장은 그제야 자리를 박차고 일어났다.

"뉴스 특보를 알려드리겠습니다. 2007년 3월 1일 새벽 3시경, 중앙정보국의 중앙 시스템이 해킹당하는 사고가 발생하였습니다. 여러 수사 기관에서 수사에 착수했으나 아직까지

별다른 진전이 없는 상황입니다."

조이 씨는 소파에 드러누워 팝콘을 집어 먹으며 뉴스를 보다가 채널을 돌렸다. 다른 채널에서도 똑같은 소식만 전하고 있자, 조이 씨는 아예 TV를 끄고 밖으로 나가 버렸다.

공원에는 웬일로 프로머가 나와 있었다. 프로머는 현재 초등학교 1학년인데, 게임에 중독되어 집에서 나오는 일이 거의 없었다. 그런 프로머가 게임을 접고 공원에서 공놀이를 하고 있으니, 이건 해가 서쪽에서 뜰 일이었다.

"헤이, 프로머! 너를 공원에서 다 만나다니!"

조이 씨는 프로머를 향해 반갑게 손을 흔들었다. 그러나 조이 씨를 바라보는 프로머의 얼굴은 어두웠다. 프로머가 심드렁한 목소리로 말했다.

"조이 아저씨야말로 웬일이세요? 어제 한참 신났는데, 아저씨가 날린 쪽지에 바이러스가 있어서 우리 집 컴퓨터가 고장 났잖아요!"

프로머는 어제 온라인에서 만난 조이 씨가 자신에게 바이러스 걸린 쪽지를 보낸 일 때문에 화가 나 있었다. 조이 씨는 유명대학의 컴퓨터학과를 나왔지만 별다른 일자리를 찾지 못해 빈둥거리는 '백수'였다. 그래서 매일 온라인에서 프로머를 만나 대화하는 것이 생활의 유일한 낙이었다.

한편 경찰에서는 이 사건으로 비상이 걸렸다.
"거참, 언론에서 연신 수사 기관의 체면을 구기는 방송만 해대니, 그러면 영 수사할 맛이 안 나잖아! 쩝!"
주저브 경감은 인터넷 기사를 읽어 내려가면서 씁쓸한 입맛을 다셨다.
"경감님, 단서를 찾아냈습니다!"
포터 형사가 주저브 경감 방의 문을 걷어차며 들어왔다.
"그게 뭔가?!"
주저브 경감은 자리를 박차고 일어나 탁자 위에 손을 짚은 채 몸을 포터 형사 쪽으로 쭉 빼고 물었다.
"컴퓨터 추적 끝에 이번 사건 용의자의 비밀번호를 알아냈습니다!"
"그래? 어서 말해 보게!"
주저브 경감은 포터 형사를 다그치며 물었다.
"비밀번호는 11111이고, 비밀번호의 힌트는 범인의 집 번지수와 나이의 곱입니다. 즉, 범인의 나이를 알면 번지수를 알 수 있지요."

"그렇군! 하지만 범인의 나이를 알 수가 없잖아? 지금 당장 매키를 불러오게!"

잠시 후 매키가 주저브 경감의 방으로 들어왔다.

"매키, 이야기는 들어서 알겠지? 요즘 언론에서 매일같이 시끄럽게 떠들어 대고 있으니 말이야. 여기 이건 용의자 명단이야. 그리고 이것은 우리가 지금까지 찾아낸 단서야. 빠른 시일 내에 범인을 찾아서 저 언론의 주둥이를 좀 막아 줘!"

주저브 경감은 매키에게 두툼한 서류를 떠넘기며 부탁했다. 매키는 서류를 한 장 한 장 넘겨 가며 꼼꼼히 살펴보았다. 용의자는 총 세 명으로 40대 조이, 20대 메이, 10대 프로머였다.

"주저브 아저씨, 제가 일단 이 단서를 가지고 범인의 나이를 추적해 오겠습니다."

매키는 작은 옆구리에 두툼한 서류들을 끼고 주저브 경감의 방을 나섰다.

다음 날, 매키가 피곤한 얼굴로 주저브 경감 앞에 나타났다.

"주저브 아저씨! 범인을 알아냈어요."

"뭐? 그게 정말이니?"

주저브 경감은 놀란 눈으로 매키를 바라보았다.

수학탐정 매키가 지목한 범인은 과연 누구일까?

1) 조이: 41세, 주소는 다링가 271번지

2) 메이: 23세, 주소는 미우닝가 569번지

3) 프로브: 10세, 주소는 로링가 1039번지

 ## 수학으로 범인 찾기

 범인은 조이입니다!

어째서 조이가 범인이지?

범인의 비밀번호는 11111이잖아요?

 11111은 두 수의 곱으로 나타낼 수 없는 수(소수) 아닌가?

 그렇지 않아요. 이렇게 큰 수가 소수인지, 아니면 두 수의 곱으로 나타낼 수 있는지를 조사해야 해요. 6을 예로 들면 '6=2×3'으로 나타낼 수 있고, 이때 2와 3은 소수지요? 이렇게 어떤 수는 소수들만의 곱으로 나타낼 수 있는 데, 이것을 소인수분해라고 하지요.

그럼 '30=2×3×5'로 소인수분해되겠군.

 제법이시네요. 그러므로 11111이 어떻게 소인수분해가 되는지를 조사하면 돼요. 우선 홀수이니까 2로는 나누어지지 않고, 각 자릿수의 합이 5이니까 3의 배수는 아니죠. 그러니 3으로도 나누어떨어지지 않아요. 그리고 5로 나누어떨어지려면 일의 자릿수가 0 또는 5가 되어야 하는데 그것도 아니고요.

🧓 그럼 언제까지 조사해야 하지?

🧑 별수 없어요. 작은 소수부터 차례로 11111을 나눠 보는 수밖에 없어요. 즉, 7, 11, 13, 17, 19, 23…으로 나눠 보는 거죠. 이런 식으로 해보면 결국 11111이 41로 나누어떨어진다는 것을 알 수 있어요. 즉, 다음과 같지요.

$$11111 = 41 \times 271$$

🧓 신기하군.

🧑 비밀번호의 힌트가 범인의 번지수와 나이의 곱이죠? 사람의 나이가 271살일 수는 없으므로 범인의 나이는 41세이고 범인의 번지수는 271번지죠. 그러므로 다링가 271번지에 사는 41세의 조이 씨가 범인이에요.

함께 풀어 봐요!

짝수와 홀수의 곱셈

자연수는 짝수와 홀수로 나눌 수 있죠. 짝수는 일의 자릿수가 0, 2, 4, 6, 8 중의 하나이고, 홀수는 일의 자릿수가 1, 3, 5, 7, 9 중의 하나죠. 그러므로 13,574는 짝수이고 24,681은 홀수이지요.

홀수와 짝수의 곱셈에 대해 알아보죠. 짝수와 홀수의 곱셈은 다음과 같은 성질이 있어요.

(홀수)×(홀수)=(홀수)
(홀수)×(짝수)=(짝수)
(짝수)×(짝수)=(짝수)

예를 들어 '3×5=15'죠? 3과 5가 모두 홀수이니까 두 수의 곱도 홀수인 15가 나왔군요. 또 다른 예를 들어보죠. '11×4=44'죠? 11은 홀수이고 4는 짝수인데, 두 수의 곱은 44가 되어 짝수가 되었군요. '12×4=48'이죠? 12도 짝수이고 4도 짝수이므로, 두 수의 곱은 짝수가 되었군요.

그러니까 어떤 두 수의 곱이 홀수가 되면, 곱한 두 수는 모두 홀수가 되어야 해요.

다음 식을 보죠.

$$3 \times 7 \times 10 \times 11 \times 13 \times 17$$

이 수는 홀수일까요? 짝수일까요? 이것을 계산할 필요는 없어요. 왜냐고요? 홀수, 짝수의 곱셈의 규칙을 떠올려 보세요. 곱해서 홀수가 되려면 곱해지는 모든 수들이 홀수이어야 해요. 즉, 단 한 개라도 짝수가 곱해지면 그 결과는 짝수가 되지요. 이 수를 보면 짝수가 곱해져 있나요? 아하! 짝수 10이 곱해져 있군요. 그러므로 이 수는 짝수예요!

누팡!
미나리자를 훔치다
-나눗셈

"경감님! 누팡의 은신처를 찾아냈습니다!"
"그게 정말이야?!"

주저브 경감은 간만에 날아든 희소식을 전해 듣고 자리에서 벌떡 일어났다. 그는 포터 형사가 전해 준 말을 자신의 두 귀로 똑똑히 듣고도 도저히 믿을 수 없었다. 누팡의 은신처가 발견되었다니! 이제 누팡을 잡는 건 시간문제였다. 누팡은 수학 천재 도둑이었다. 그를 잡기 위해서는 그와 수학 게임을 해서 이기는 방법밖에 없었다. 하지만 주저브 경감의 수학 실력으로는 누팡을 이기는 것은 백사장의 모래알을 세는 것만큼이나 어려웠다. 그래서 누팡의 은신처를 발견했다는 소식에 주저브 경감은 반가워했던 것이었다.

"당장 누팡의 은신처로 가 보자고!"

주저브 경감은 간만에 의욕적인 모습으로 나섰다. 그런데 주저브 경감이 경찰차에 올라타려고 차의 문을 여는 순간 포터 형사가 그를 말렸다.

"경감님, 차는 타실 필요 없습니다."

"왜?"

"누팡의 은신처는 경찰서 바로 앞에 있는 폴리스 광장입니다."

포터 형사는 눈앞에 보이는 폴리스 광장을 가리켰다.

"뭐라고?!"

주저브 경감은 두 눈이 휘둥그레졌다.

로고스 시에는 두 개의 광장이 있는데, 하나는 시청 앞에 있는 씨티 광장이고 다른 하나는 경찰서 앞에 있는 폴리스 광장이다. 그런데 골칫덩어리 누팡이 경찰서의 앞마당이나 다름없는 폴리스 광장에 은신하고 있었던 것이다!

주저브 경감은 허겁지겁 횡단보도를 건너 폴리스 광장으로 걸어갔다. 포터 형사도 주저브 경감의 뒤를 따랐다. 그런데 잠시 후, 자신 있게 앞장서서 걷던 주저브 경감이 걸음을 멈추고 주위를 살펴보았다. 그러고는 뒤돌아서서 포터 형사에게 말했다.

"포터, 그런데 이 광장에 누팡이 숨어 있을 만한 공간이 어디 있나?"

그랬다. 폴리스 광장은 초록색 잔디가 가득 깔려 있는 공원 같은 장소였다. 그곳에 사람이 숨을 만한 건물은 존재하지 않았다.

"경감님, 이쪽입니다."

포터 형사는 주저브 경감을 공원 가운데에 세워진 철제 탑 쪽으로 안내했다. 그 탑은 1985년에 주저브 경감의 아버지가 만든 작품이었다. 주저브 경감은 그 탑을 보며 돌아가신 아버지를 떠올리곤 했다.

포터 형사는 철제 탑 안으로 비집고 들어갔다. 그러고는 바닥에 엎드려 땅을 파기 시작했다.

"아니, 포터! 자네 지금 뭐하는 건가? 이 중요한 시점에 고구마라도 캐 먹자는 건가?"

주저브 경감이 어이없다는 표정으로 포터 형사를 내려다봤다. 그런데 잠시 후, 포터 형사가 파고 있던 바닥에서 단단한 나무판자가 모습을 드러냈다.

"경감님, 바로 여깁니다."

포터 형사의 손톱에는 시커먼 흙과 함께 새빨간 피가 묻어 있었다.

"포터, 자네……."

주저브 경감은 자신의 몸을 아끼지 않는 부하를 보고 가슴이 뭉클해졌다. 그리고 이번에야말로 누팡을 감옥에 집어넣고 말리라 다짐했다.

"포터, 몸조심하게!"

주저브 경감은 포터 형사에게 안전을 당부하고 허리춤에서 총을 꺼내 들었다. 그러고는 땅속의 고구마처럼 그 모습을 드러낸 나무판자를 들어 올렸다. 주저브 경감과 포터 형사는 숨을 죽이고 나무판자 아래를 내려다보았다. 철제 탑 아래의 지하에서는 차가운 냉기가 훅 올라왔다. 나무판자 밑에는 지하로 연결되는 나무계단이 놓여 있었다. 주저브 경감과 포터 형사는 조심스럽게 한 발 한 발 아래로 내디뎠다. 나무계단은 주저브 경감과 포터 형사의 발이 닿을 때마다 삐걱삐걱 소리를 냈다. 거의 지하 공간까지 다다른 주저브 경감은 침을 한 번 꿀꺽 삼켰다. 그러고는 몸을 재빠르게 돌려 허공을 향해 총을 겨누었다.

"꼼짝 마!"

순간 지하 공간에는 살벌한 정적만이 감돌았다. 주저브 경감과 포터 형사는 다시 어둠 속으로 발을 한 발 한 발 내디뎠다.

"포터, 스위치를 찾아보게!"

주저브 경감은 경계를 늦추지 않은 채 포터 형사에게 말했다. 포터 형사는 벽 쪽으로 팔을 더듬어 지하실을 밝히는 스위치를 찾아냈다. 그러자 칠흑 같았던 지하실의 어둠이 물러가고 환한 빛이 밝혀졌다. 그러나 지하실 어디에도 누팡의 모습은 보이지 않았다.

"이런!"

주저브 경감은 자신의 무릎을 주먹으로 치며 분통을 터뜨렸다.

"경감님, 여기 좀 보십시오."

포터 형사가 주저브 경감을 지하실 구석으로 불렀다. 그곳에는 커다란 달력이 하나 걸려 있었다. 달력은 내년 1월의 달력이었는데, 1월 25일 저녁 7시에 박물관을 털겠다는 내용이 적혀 있었다. 그런데 1월을 나타내는 글씨만 자필로 썼고, 글씨체로 보아 누팡이 쓴 것이 틀림없었다.

"내년 1월 25일? 포터, 지금 당장 경찰서에 연락해서 내년 1월 25일 저녁 7시에 누팡이 박물관을 노리고 있다는 것을 알리게!"

새벽 2시. 시계의 바늘이 새벽을 가리키고 있었지만 누팡은 끝내 모습을 드러내지 않았다. 주저브 경감은 누팡을 잡지 못한 것이 못내 아쉬웠지만, 계속 그곳에 머무른다고 누팡이 나타날 것 같지 않기에 수사를 접고 경찰서로 돌아왔다. 그런데 밤이 깊어서 사람이 별로 없을 거라고 생각했던 경찰서에 대낮처럼 불이 환히 밝혀져 있었다. 경찰서 안은 어수선했다.

"아저씨! 왜 이제 오신 거예요? 전화도 안 받으시고!"

경찰서로 들어오는 주저브 경감을 발견한 매키가 소리쳤다. 주저브 경감은 주머니에서 자신의 휴대폰을 꺼내 보았다. 걸려 온 전화는 단 한 통도 없었다.

"하루 종일 지하에 있어서 휴대폰이 터지지 않은 모양이군. 매키, 무슨 일이냐?"

주저브 경감은 다시 주머니에 휴대폰을 집어넣으며 말했다.

"어제 저녁 7시, 그러니까 5월 25일 저녁 7시에 누팡이 쎄콩 박물관의 미나리자를 훔쳐 갔다고요!"

"뭐!"

주저브 경감은 누팡에게 제대로 뒤통수를 맞은 기분이었다. 누팡은 주저브 경감을 휴대폰도 터지지 않는 지하실에 자기 발로 걸어 들어가게 만들고, 미나리자를 보기 좋게 털어가 버린 것이다.

"아니야, 그럴 리 없어! 분명히 누팡의 달력엔 내년 1월 25일에 박물관을 털겠다고 적혀 있었어. 포터, 지하실에서 가져온 달력을 꺼내 보게."

포터 형사는 누팡의 은신처에서 가져온 달력을 꺼내, 매키에게 보여 주었다. 달력에는 틀림없이 내년 1월 25일 7시에 박물관을 털겠다는 메모가 적혀 있었다.

"이것 보라고!"

주저브 경감은 이 모든 사실을 믿고 싶지 않았다. 누팡이 박물관을 털고 있는 것도 모른 채 아버지의 철제 탑 아래에서 죽치고 있었던 자신을 용서할 수 없었다. 하늘에서 아버지가 자

신을 얼마나 한심스럽게 바라보고 계셨을까 생각하니 눈물이 핑 돌았다.

아무 말 없이 달력을 살피던 매키는 자신도 모르게 두 주먹을 꽉 쥐었다.

'아저씨는 누팡의 함정에 제대로 걸려들었던 거야!'

<u>수학탐정 매키는 어떻게 주저브 경감이 누팡의 함정에 빠진 것을 알았을까?</u>

수학으로 범인 찾기

누팡의 달력은 내년 1월 달력이 아니라 올해 5월 달력이에요!

달력이 어떻게 일치할 수 있지?

매년 5월 달력은 그 다음 해 1월 달력과 정확하게 일치해요.

왜 그런데?

다음 해 1월 1일은 5월 1일로부터 정확히 245일 뒤이고 245는 7로 나누어떨어지기 때문에 요일이 같아지죠. 즉 누팡은 올해 5월 달력을 내년 1월 달력으로 위조해서 속이려 한 거예요.

달력을 보면서 확인해 봐요!

몫과 나머지

자연수를 자연수로 나누었을 때 몫과 나머지의 성질에 대해 알아보죠. 17을 5로 나누면 몫은 3이고 나머지는 2이죠. 이것을

$$17=5\times3+2$$

라고 쓰지요.

일반적으로 어떤 수 N을 a로 나누었을 때 몫을 n, 나머지를 r이라고 하면

$$N=a\times n+r$$

이 되죠. 이때 나머지 r은 0부터 시작해서 a-1까지의 수입니다. 예를 들어 어떤 수를 5로 나눈 나머지는 0, 1, 2, 3, 4가 되지요.

여기서 '4=5-1'입니다. 그러므로 나머지의 개수는 나누는 수와 같습니다.

그렇다면 7로 나누어 나머지가 1인 수는 어떤 게 있죠?

1, 8, 15, 22 등이 있지요? 이것을 다음과 같이 쓸 수 있지요.

$$1=7\times0+1,\ 8=7\times1+1$$
$$15=7\times2+1,\ 22=7\times3+1$$

이번에는 7로 나누어 나머지가 3인 수는 어떤 게 있죠?

3, 10, 17, 24 등이 있지요? 이 수들은 다음과 같이 쓸 수 있어요.

$$3=7\times0+3,\ 10=7\times1+3$$
$$17=7\times2+3,\ 24=7\times3+3$$

달력에서 화요일 날짜의 수 중 하나를 택하고, 목요일 날짜의 수를 하나 택하고 더해 봅시다. 화요일이 31보다 작은 날짜라면 다음과 같습니다.

1+3=4, 1+10=11,

1+17=18, 1+24=25,

8+3=11, 8+10=18,

8+17=25, 8+24=32,

15+3=18, 15+10=25,

15+17=32, 15+24=39,

22+3=25, 22+10=32,

22+17=39, 22+24=46

나온 결과들은 4, 11, 18, 25, 32, 39, 46이지요? 이것은 바로 7로 나누어 나머지가 4인 수입니다. 그러므로 다음과 같이 쓸 수 있습니다.

(나머지가 1인 수)+(나머지가 3인 수)=(나머지가 4인 수)

이것이 바로 어떤 수로 나눈 나머지가 같은 수들의 성질입니다.

수학을 알면 큰 도움이 되죠!

4장

사라진 다이아몬드
-약수

꼬르륵꼬르륵 배꼽시계가 울리는 저녁 시간, 식탁에 세 개의 촛불을 켜고 베이컨과 달걀 요리를 앞에 둔 매키는 혼자서 저녁을 먹고 있었다.

"띵동~!"

소리와 함께 밖에서 인기척이 들려왔다. 매키가 현관문을 열자 양복을 깔끔히 차려입고 중절모를 쓴 건장한 사내가 정중히 고개를 숙이며 봉투 하나를 건넸다. 고급스런 금장의 장식을 하고 낯익은 낙인이 찍힌 봉투는 다름 아닌 컬트 백작이 개최하는 주얼리 파티의 초대장이었다. 거물급의 귀족들과 케이츠 시의 의원들이 초대되는 파티에, 매키가 초대된 건 좀 특별한 이유 때문이었다. 사치에 빠져 있는 케이츠 시의 귀족들은 수학도둑 누팡의 움직임이 날로 영악해지고 있다는 것을 잘 알고 있었다. 그래서 고가의 보석 파티에 특별히 주저브 경감과 수학탐정 매키를 초대한 것이었다. 건장한 사내가 돌아가자마자 조용한 집 안에 요란한 벨 소리가 울려 퍼졌다.

"매키! 너도 초대장을 받았나?"

휴대폰 속의 목소리는 매키와 아주 친한 사이로, 엉뚱하지만 자신감과 직감 하나만 믿고 사건을 해결하고 있는 주저브 경감이었다. 둘은 내일 하이센 부두 앞에서 만나기로 하고 짧은 대화를 마쳤다.

다음 날 매키는 사건을 해결할 때마다 즐겨 입는 체크 무늬 망토에 모자까지 챙겨 입고 현관문을 나섰다.

"여기야, 매키! 어서 서두르자! 곧 비가 왕창 쏟아질 것처럼 구름이 잔뜩 찌푸리고 있네!"

주저브 경감은 작은 키에 코트를 복숭아뼈까지 늘어뜨려 입고 담배 파이프로 연신 연기를 내뿜으며 말했다. 주저브 경감은 으리으리하게 크고 고급스러워 보이는 배에 다리 하나를 걸쳐 오르고 있었다. 컬트 백작은 주얼리 파티를 하기 위해

남쪽에 위치한 셀타 섬의 최고급 별장과 거대한 배를 통째로 빌려 놓은 것이었다.

"뭔 돈이 그렇게 많길래 서민들은 꿈도 못 꿀 휘황찬란한 배에 섬까지 통째로 빌려 파티를 한다고 난리 브루스냐고……. 쩝!"

주저브 경감을 뒤따라 오르며 매키는 부패한 귀족들을 흉봤다.

"아이고! 시끄러워. 우리가 이럴 때 아니면 언제 이런 호사를 한 번 누리겠냐? 잔소리 말고 어서 서둘러. 바람까지 심하게 불어오면 배가 뜨지 못해!"

투덜거리는 매키를 보고 주저브 경감은 핀잔을 주었다. 시원하게 바다를 가르며 빠르게 달리던 배는 서서히 속력을 줄이며 셀타 섬에 도착했다. 이미 시작된 파티는 한창 물이 오르고 있었다.

"어서 오게나, 매키! 오, 주저브 경감도 오래간만이야."

컬트 백작은 고급스런 금장 단추에 바이올렛 벨벳 조끼를 입어 한껏 멋을 부리고 있었다. 하얀 콧수염을 양옆으로 달팽이처럼 말아 올리고 최고급 파이프를 입에 물고 인사를 건넸다. 섬 안은 온통 희귀한 나무들로 우거져 있었다. 얼마쯤 걸어가니 타원형의 웅장한 성 하나가 보였다. 성문을 열자 사람들은 북적거렸고 투명한 유리 상자 안에는 전 세계에서 수집한 값비싼 보석들이 화려한 자태를 뽐내고 있었다. 그 보석들은 눈조차 뜨기 힘들 정도로 휘황찬란했다.

"여러분, 파티를 시작하겠습니다. 여기에는 평생 한 번 볼까 말까 한 진귀한 보석들로 가득합니다. 맘껏 구경하시고 잠시 후 저녁 만찬 때는 100캐럿짜리 다이아몬드를 경매에 붙이겠습니다."

컬트 백작은 빨간 융단 위에 눈부실 정도로 반짝거리며 다소곳이 자리 잡고 있는 100캐럿짜리 다이아몬드를 선보이며 어깨에 잔뜩 힘을 주었다.

"저것 때문에 우릴 여기까지 불렀던 거군!"

어른 손가락만 한 다이아몬드는 얼핏 봐도 엄청나게 비싸 보였다. 매키는 혹여나 하고 다이아몬드를 아주 자세히 들여다보았다. 드디어 저녁 만찬이 시작되고 100캐럿 다이아몬드 경매가 시작되었다. 컬트 백작은 조심스럽게 무대 위로 올라가 투명한 유리 상자 안의 빨간 융단 위에 놓여 있는 다이아몬드를 손가락으로 가리키며 경매를 시작하였다. 허영심으로 가득한 많은 귀족들은 너나없이 손을 번쩍 들며 앞다투어 경매에 참여했다.

그때였다.

갑자기 정전이 된 듯 약 5초 동안 깜깜한 어둠이 내리깔렸다.

"엇! 뭐야? 이거 왜 이런 거야? 밸리, 밸리!"

컬트 백작은 개인 비서인 밸리를 부르며 아수라장이 된 파티장을 진정시키려 했다. 여기저기서 웅성거리며 불안에 떨었지만 잠시 후 다시 불이 환하게 밝혀졌다.

"죄송합니다. 잠시 정전이 되었나 봅니다. 걱정하지 마시고 다시 경매를 시작하겠습니다."

컬트 백작은 다시 마음을 가다듬고 경매를 시작하려 했다.

"앗! 매키, 주저브 경감, 이리 와 보게나!"

빨간 융단 위에 자리 잡고 있던 100캐럿 다이아몬드 옆에는 쪽지 한 장이 놓여 있었다. 매키와 주저브 경감은 서둘러 쪽지를 읽었고 급하게 보석 감정사를 불러 다이아몬드의 진위를 감정했다. 아니나 다를까? 100캐럿짜리 다이아몬드는 진짜가 아닌 가짜였던 것이었다. 매키와 주저브 경감은 이것이 누팡

의 짓임을 직감하고 날카로운 눈을 반짝거리며 수사에 착수했다. 쪽지에는 다음과 같이 적혀 있었다.

다이아몬드는 The wife of 75에 있다.

"다이아몬드가 있는 곳을 알아냈어요!"
매키의 눈이 번뜩였다.

과연 누팡은 다이아몬드를 어디에 숨겨 두었을까?

1) 48번지에 있는 오래된 성

2) 75번지의 창고

3) 84번지의 카페

 수학으로 범인 찾기

 다이아몬드는 48번지에 있는 오래된 성에 있어요!

 왜 48번지지?

 75의 아내수를 찾으면 돼요.

 수에도 아내가 있나?

 모든 수는 1과 자기 자신을 반드시 약수로 가져요. 어떤 수 A의 1과 자기 자신을 제외한 모든 약수들의 합이 수 B와 같고, 반대로 수 B의 1과 자기 자신을 제외한 모든 약수들의 합이 수 A와 같을 때 B는 A의 부부수라고 불러요.

 그런데 왜 아내가 되지?

고대 그리스의 수학자 피타고라스는 홀수는 남자를, 짝수는 여자를 나타낸다고 여겼어요. 75는 홀수이니까 남자를 나타내죠. 그러니까 75와 부부가 되는 수는 75의 아내가 되는 거죠.

48과 75가 부부수라는 얘기군.

네, 한 번 확인해 볼게요. 75의 약수는 1, 3, 5, 15, 25, 75죠. 여기서 1과 75를 제외한 약수를 모두 더하면 '3+5+15+25=48'이 돼요. 48의 약수는 1, 2, 3, 4, 6, 8, 12, 16, 24, 48이죠. 여기서 1과 48을 제외한 약수들의 합은 '2+3+4+6+8+12+16+24=75'가 돼요. 그러니까 48과 75는 부부예요. 그러니까 다이아몬드가 있는 곳은 48번지의 오래된 성이에요.

함께 풀어 봐요!

약수와 소수

어떤 수를 나누어 나머지가 생기지 않게 하는 수를 주어진 수의 약수라고 부릅니다. 예를 들어 6을 두 자연수의 곱으로 나타내면 '6=2×3'이므로 2와 3은 6을 나머지 없이 나누는 수입니다. 그러므로 2와 3은 6의 약수이지요.

6의 약수는 2와 3뿐일까요? 그렇지는 않습니다. 6을 다음과 같이 다른 두 수의 곱으로 나타낼 수 있습니다.

$$6 = 1 \times 6$$

그러므로 1과 6도 6의 약수입니다. 그러므로 6의 약수는 1, 2, 3, 6입니다.

모든 수는 자신과 1과의 곱으로 쓸 수 있으므로 원래의 수와 1은 항상 주어진 수의 약수가 된다는 것을 알 수 있습니다. 즉 1은 모든 수의 약수가 되지요.

그렇다면 12의 약수를 구해 봅시다. 12를 두 수의 곱으로 나타내면 다음과 같습니다.

$$12=1\times12,\ 12=2\times6,\ 12=3\times4$$

그러므로 12의 약수는 1, 2, 3, 4, 6, 12가 됩니다.

이제 소수에 대해 알아봅시다. 소수는 뭘까요? 0.3처럼 소수점이 있는 소수(小數)를 말하는 걸까요? 여기서 말하는 소수(素數)는 1을 제외한 자연수 중에서 1과 그 자신만을 약수로 갖는 수랍니다. 소수를 알려면 먼저 약수를 알아야 해요. 예를 들어 2를 두 자연수의 곱으로 나타내 봅시다. 다음과 같죠?

$$2=1\times2$$

2의 약수는 두 개뿐이죠? 그리고 2의 약수를 잘 봐요. 하나는 1이고 다른 하나는 2 자신이잖아요.

하나 더 알아볼까요? 3을 두 자연수의 곱으로 나타내 봐요.

$$3 = 1 \times 3$$

더 이상은 없죠? 그러니까 3의 약수는 1, 3뿐이잖아요. 그리고 3의 약수는 1과 3 자신이죠? 이렇게 1과 자기 자신을 약수로 갖는 수를 소수라고 불러요.

그렇다면 4는 소수일까요? 4가 소수라면 1과 4만을 약수로 가져야 해요. 그런데 4의 약수에는 1과 4 이외에도 2가 있죠? 그러니까 소수가 아니에요. 이렇게 소수가 아닌 수를 합성수라고 불러요. 그럼 소수 몇 개를 써 볼까요? 다음과 같은 수들이 소수이죠.

$$2, 3, 5, 7, 11, 13 \cdots$$

가만? 1은 왜 빠졌죠? '$1 = 1 \times 1$'이잖아요? 그러므로 1과 자기 자신만을 약수로 가지죠. 하지만 1은 소수라고 부르지 않아요. 왜냐고요? 모든 소수는 약수가 두 개잖아요? 그런데 1은 약수가 1 하나뿐이거든요. 그래서 1을 소수라고 부르지 않는 거예요. 자, 그럼 정리해 볼까요?

• 소수 •

(1) 소수: 1을 제외한 자연수 중에서 1과 그 자신만을 약수로 갖는 수

(2) 짝수이면서 소수인 것은 2뿐이다.

(3) 소수의 약수의 개수는 2개다.

수학을 알면 큰 도움이 되죠!

5장

비밀금고의 암호를 풀어라
-카탈랑 수

"띵동! 띵동, 띵동!"

새벽 5시. 요란한 초인종 소리가 매키의 단잠을 깨웠다. 잠이 덜 깬 매키는 두 눈을 비비며 현관으로 향했다.

"누구세요?"

"수학탐정 매키 씨 계시나요? 도와주세요!"

현관문 건너편에서 다급한 여자의 목소리가 들려왔다. 매키는 여자가 위험에 처했음을 알아차리고 재빨리 집 안으로 들였다.

"진정하시고 여기 앉으세요."

매키는 여자를 소파에 앉히고 따뜻한 우유를 건넸다.

"고맙습니다."

"그런데 새벽부터 무슨 일이죠?"

여자가 좀 진정한 것 같자 매키가 물었다.

"누군가 제 뒤를 미행하는 것 같아요! 어젯밤에도 밤새도록 철제 금속이 부딪히는 소리를 들었어요. 너무 무서워서 뜬눈으로 밤새고, 날이 밝자마자 이리 달려온 거예요."

여자는 어젯밤의 기억이 되살아나는지 파르르 떨었다.

"여긴 안전하니 안심하세요. 그런데 왜 경찰서로 가지 않고 저를 찾아오신 거죠?"

"제가 경찰서에 가는 걸 알면 그 사람이 나를 당장 죽일 거예요! 매키, 저는 당신이 경찰관보다 뛰어난 탐정이라는 소문을 들었어요. 그래서 이리로 찾아온 거예요."

"그렇군요. 그럼 이제 어떻게 된 일인지 한번 들어 볼까요?"

매키는 여자 앞에 자리 잡고 앉았다.

"네, 제 이름은 쥬시앙입니다. 저는 얼마 전 저희 할아버지로부터 거액의 유산을 물려받았어요. 할아버지는 그 유산을 이자르 은행의 비밀금고에 맡겨 두셨지요."

쥬시앙은 차근차근 사건 경위를 설명하기 시작했다.

"지금까지는 별문제 없어 보이는군요."

"네, 그런데 며칠 전부터 저에게 이상한 일들이 생기기 시작했어요."

"이상한 일이요?"

"네! 평상시처럼 길을 걸어가는데 흰색 승용차가 저를 들이박으려는 거예요. 마침 제 옆을 지나가던 육상선수가 저를 구해 줬어요. 하마터면 목숨을 잃을 뻔했죠. 그뿐만이 아니에요. 선인장 화분이 20층 건물 옥상에서 제 코앞에 떨어지고, 현관문 밑에 저희 집 문의 복사키가 떨어져 있기도 했죠."

이야기를 하는 쥬시앙의 얼굴은 하얗게 질려 있었다.

"참 무서웠겠군요. 쥬시앙, 혹시 의심 가는 사람이라도 있나요?"

"할아버지 유산의 두 번째 상속자는 바로 제 사촌 쥬시몬이에요. 그는 군대에서 한쪽 팔을 잃어 금속 의수를 하고 있죠. 나에게 이런 위협을 가할 사람은 쥬시몬밖에 없어요! 그는 한쪽 팔을 잃은 이후 세상에 대한 적대감에 불탔어요. 그리고 돈이면 모든 것이 해결된다는 식의 물질만능주의자가 되어 버렸죠. 그는 할아버지와 함께 비밀금고의 비밀번호를 정했어요. 이제 할아버지가 돌아가셨으니 유산상속자인 저에게 당연히 그 비밀번호를 알려주어야 하죠. 그런데 그는 그러지 않고 있어요. 제가 없으면 그 모든 유산을 자기 혼자 차지할 수 있기 때문이죠. 하지만 전 결코 유산을 포기하지 않을 거예요. 할아버지의 평생 꿈은 아이들에게 꿈과 희망을 줄 수 있는 무료학교를 짓는 것이었어요. 저는 할아버지의 유산으로 그 꿈을 실현해야만 해요!"

쥬시앙은 감정이 복받치는지 결국 울음을 터뜨렸다. 매키

는 그런 쥬시앙에게 화장지를 건네며 물었다.

"비밀번호는 몇 자릿수이죠?"

"다섯 자리 수예요."

"혹시 비밀번호에 대한 힌트는 없나요?"

"금고에 '카탈랑-처음 네 개'라는 글이 써 있었어요."

"지금 카탈랑이라고 했나요?"

매키의 목소리가 높아졌다.

"네."

"그러니까 결론은 쥬시몬이 모르게 할아버지 유산을 찾아야겠군요."

매키는 간단하게 상황을 정리했다.

"맞아요, 저는 유산을 찾으면 바로 로고스 시를 떠날 거예요. 가난하고 헐벗은 사람들이 있는 시골 마을에서 할아버지의 꿈을 이룰 거예요."

매키도 쥬시앙의 소망이 이루어지길 빌었다.

"쥬시앙, 지금 당장 이자르 은행으로 가서 유산을 찾아드릴게요."

매키가 눈을 번뜩이며 말했다.

비밀금고의 비밀번호는 무엇일까?

1) 11111   2) 12514   3) 13579

수학으로 범인 찾기

 비밀번호는 12514입니다!

 어떻게 알아낸 거지?

 카탈랑(1814~1894)은 벨기에의 수학자의 이름이에요.

 카탈랑이랑 비밀번호랑 무슨 관계가 있지?

 카탈랑 수는 '1, 2, 5, 14, 42, 132, 429, 1430…'인 수열이에요. 카탈랑 수의 처음 네 개의 숫자인 1, 2, 5, 14에서 12514라는 비밀번호를 알아낸 거죠.

 그런데 카탈랑 수는 뭐지?

 1+2를 두 수의 괄호로 묶는 방법은 (1+2)의 한 가지예요. 두 수의 괄호를 묶는 방법은 한 가지이니까 첫 번째 카탈랑 수는 1이라고 얘기해요. 이번에는 1+2+3을 보죠. 이것을

두 수의 괄호들로 묶는 방법은 다음과 같이 두 가지예요.

((1+2)+3), (1+(2+3))

그러니까 두 번째 카탈랑 수는 2가 돼요. 이번에는 세 번째 카탈랑 수를 보죠.

1+2+3+4를 생각하면 되겠군.

네, 이것을 두 수의 괄호들로 묶는 방법은 다음과 같아요.

(1+(2+(3+4))), (1+((2+3)+4)),

((1+2)+(3+4)), ((1+(2+3))+4),

(((1+2)+3))+4)

다섯 가지가 되는군.

그러니까 세 번째 카탈랑 수는 5가 돼요. 같은 방법으로 네 번째 카탈랑 수는 14가 되지요.

그렇군!

완전수

    6의 약수는 1, 2, 3, 6입니다. 그중에서 자기 자신의 수가 아닌 약수는 1, 2, 3이지요. 이 약수를 진약수라고 합니다. 이때 6의 진약수를 모두 더해 봅시다.

$$1+2+3=6$$

    어머나! 원래의 수와 같아지는군요. 이렇게 진약수들의 합이 원래의 수와 같아지는 수를 완전수라고 부릅니다.
    12의 진약수는 1, 2, 3, 4, 6입니다. 12의 진약수를 모두 더해 봅시다.

$$1+2+3+4+6=16$$

원래의 수보다 커지지요? 이렇게 진약수의 합이 원래의 수보다 큰 수를 초과수라고 부릅니다.

10의 진약수는 1, 2, 5입니다. 10의 진약수를 모두 더해 봅시다.

$$1+2+5=8$$

원래의 수보다 작아지는군요. 이렇게 진약수의 합이 원래의 수보다 작아지는 수를 부족수라고 부릅니다.

그렇다면 6 다음의 완전수는 어떤 수들일까요? 숫자가 커질수록 완전수는 드물게 나타나지요. 다음과 같은 수들이 완전수들입니다.

$$6=1+2+3$$
$$28=1+2+4+7+14$$
$$496=1+2+4+8+16+31+62+124+248$$

네 번째 완전수는 8,128, 다섯 번째 완전수는 33,550,336이고, 여섯 번째 완전수는 무려 8,589,869,056입니다.

완전수에는 재미있는 성질들이 있습니다. 다음 등식을 봅시다.

$$6=1+2+3$$
$$28=1+2+3+4+5+6+7$$
$$496=1+2+3+4+5+6+7+8+9+ \cdots +30+31$$
$$8,128=1+2+3+4+5+6+7+8+ \cdots +126+127$$

완전수는 항상 연속되는 자연수의 합으로 표현할 수 있습니다.

처음 여섯 개의 완전수를 봅시다.

6
28
496
8,128

33,550,336

8,589,869,056

모두 짝수이군요. 지금까지 38개의 완전수를 구했는데 모두 짝수입니다. 하지만 그 이유는 아직까지 아무도 모른답니다. 또한 모든 완전수는 일의 자릿수가 6이나 8입니다. 이것도 완전수의 신기한 성질이지요.

6을 제외한 완전수들의 각 자릿수를 더해 봅시다.

2+8=10

4+9+6=19

8+1+2+8=19

3+3+5+5+0+3+3+6=28

8+5+8+9+8+6+9+0+5+6=64

이때 10, 19, 28, 64를 9로 나눈 나머지는 1입니다.

이렇게 6보다 큰 완전수의 각 자릿수의 합은 9로 나눈 나머지가 1인 수입니다.

이번에는 더욱 신기한 성질을 보여드리겠습니다. 완전수 6의 약수는 1, 2, 3, 6입니다. 각각의 역수는 다음과 같죠.

$$\frac{1}{1}, \frac{1}{2}, \frac{1}{3}, \frac{1}{6}$$

이것들을 모두 더해 보죠.

$$\frac{1}{1} + \frac{1}{2} + \frac{1}{3} + \frac{1}{6} = 2$$

이렇게 완전수의 모든 약수의 역수의 합은 2입니다.

완전수의 성질을 이용하면 문제를 푸는 게 쉬어져요!

6장

영수증의 비밀
-배수

타코 씨는 혼자서 일주일 동안 여행을 하고 집으로 돌아왔다. 집 앞에는 그동안 챙기지 못한 신문 뭉치들이 한가득 쌓여 있었다. 타코 씨는 그 신문뭉치들을 몽땅 끌어안고 현관문을 열었다. 그러자 집 안에서 바깥 기온만큼 차가운 바람이 불어와 타코 씨의 뺨을 스치고 지나갔다.

"이상하네……. 분명히 창문을 닫아 놓고 나갔을 텐데……."

타코 씨는 이상한 기분이 들어 조심스럽게 집 안으로 발을 들여놓았다. 집 안으로 들어가자 이상한 점이 한두 가지가 아니었다. 분명히 닫아 두었다고 생각했던 방문이 살짝 열려 있는가 하면, 냉장고 안에 들어 있어야 할 오렌지 주스가 식탁

위에 올려져 있고, 그 옆에는 누가 사용한 것 같은 컵이 놓여 있었다. 타코 씨는 당장 안방 쪽으로 가서 방문을 열었다.

방은 더 난장판이었다. 창문이 활짝 열려 있고 침대 위의 이불은 마구 흐트러졌으며, 방 안의 서랍이란 서랍은 모조리 열려 있었다. 타코 씨는 귀중품과 비상금을 확인하기 위해 장롱 속을 뒤졌다. 예상대로 모두 사라지고 없었다.

"타코 씨, 타코 씨가 일주일 동안 집을 비운다는 사실을 알고 있는 사람이 있었습니까?"

타코 씨의 집에 도착한 주저브 경감이 사건 수첩을 꺼내 들고 물었다.

"아니요, 없습니다. 저 혼자 갑작스럽게 떠난 여행이라……."

타코 씨는 고개를 가로저었다. 그러다 무언가 생각났는지 무릎을 탁 치며 입을 열었다.

"아! 한 사람 있긴 해요!"

"그게 누굽니까?!"

주저브 경감이 타코 씨의 대답을 정확하게 듣기 위해 타코 씨 쪽으로 고개를 쭉 내밀었다.

"제 친구 송입니다. 송은 이번에 저와 함께 여행 가기로 했던 친구이지요. 하지만 그날 몸이 몹시 아픈 바람에 함께 여행 가지 못했어요."

"음……."

주저브 경감은 사건 수첩에 무언가 빠르게 적어 나가기 시작했다.

"혹시 송을 의심하는 것이라면 잘못 짚으신 겁니다. 송은 그럴 친구가 아니에요. 그리고 그날 송은 진짜 많이 아팠거든요."

타코 씨는 송을 두둔하고 나섰다. 그러나 주저브 경감은 눈곱만 한 단서도 절대 놓칠 수 없는 입장이기에 송의 알리바이를 조사해 보기로 결심했다. 그때 타코 씨의 집 안을 조사하던 포터 형사가 손에 작은 종이 하나를 들고 나타났다.

"경감님, 타코 씨의 침실에서 베리리치 백화점 영수증을 발견했습니다."

포터 형사가 주저브 경감에게 영수증을 건넸다.

"영수증에 적혀 있는 날짜로 보아 타코 씨의 것은 아닌 것 같습니다."

주저브 경감은 포터 형사가 가리키는 영수증의 날짜를 주목했다. 영수증의 날짜는 12월 19일이었고, 타코 씨가 여행을 떠난 이후의 날짜였다.

"타코 씨, 본인의 것인지 확인해 주십시오."

주저브 경감은 영수증을 타코 씨에게 건네며 확인을 요청했다. 타코 씨는 영수증을 받자마자 고개를 저으며 말했다.

"확실히 제 것이 아닙니다. 베리리치 백화점은 너무 비싸서 잘 가지 않습니다."

"그렇다면 이것은 확실히 범인의 것이군요."

주저브 경감은 타코 씨에게 영수증을 돌려받고 그 내역을 샅샅이 살피기 시작했다. 영수증에는 몇 가지 정보가 나타나 있었는데, 그것은 품목과 수량, 가격, 날짜, 구입 장소였다. 그런데 안타깝게도 품목과 가격 부분에는 물이 튀었는지 글씨가 번져 있어 그 내용을 확인하기 어려웠다. 일단 그 영수증으로 확인할 수 있는 내용은 12월 19일 베리리치 백화점에서 72개의 어떤 제품을 ○6,62○원에 구입했다는 것이었다.

"포터, 지금 당장 베리리치 백화점으로 가서 12월 19일에 ○6,62○원어치를 구입한 사람들의 명단을 조사해 오게!"

주저브 경감은 포터 형사에게 베리리치 백화점으로 갈 것을 명령하고 경찰서로 돌아갔다. 그리고 몇 시간 뒤 로고스 경찰서의 회의실에 주저브 경감, 포터 형사, 매키, 세 사람이 모였다.

"경감님, 여기 12월 19일 베리리치 백화점에서 ○6,62○원어치를 구입해 간 사람들의 명단입니다."

포터 형사는 주저브 경감에게 얇은 종이 한 장을 건넸다. 그 명단에 올라와 있는 사람은 세 사람으로 19세 신문배달원 페일러, 62세 경비원 브루스 씨, 27세 무역회사 직원 송 씨였다. 페일러는 총 66,626원의 물품을 구매하였고, 브루스 씨는 총 96,624원의 물품을 구매하였으며 송 씨는 총 16,628원의 물품을 구매하였다.

"아니, 이 사람은?"

명단을 들여다보던 주저브 경감이 놀란 토끼 눈을 하고 포터 형사를 올려다보았다.

"네, 확인 결과 타코 씨의 친구 송 씨가 맞습니다."

"그럼 더 볼 것도 없구만!"

주저브 경감이 책상을 탁 치며 소리쳤다.

"경감님, 그런데 나머지 페일러와 브루스 씨도 타코 씨의 집이 비었다는 사실을 충분히 알 수 있는 인물들이었습니다."

포터 형사가 또 다른 자료를 건넸다. 그 자료에는 페일러와 브루스의 직업에 대한 정보가 담겨 있었는데, 놀랍게도 페일러는 타코 씨의 아파트에 신문을 배달하는 신문배달원이었고, 브루스 씨는 타코 씨가 사는 아파트의 경비원이었다.

"아니, 어떻게 이런 일이 있을 수 있지?"

주저브 경감은 그 자료들에 코를 박고 말했다. 매키도 주저브 경감의 옆에서 포터 형사가 내어놓은 자료들을 뚫어지게 쳐다보고 있었다.

"아마 페일러는 집 앞에 신문이 쌓여 가는 것을 보고 타코 씨의 집이 비어 있다는 것을 충분히 알 수 있었을 것입니다. 브루스 씨 또한 타코 씨가 집을 나간 뒤 장기간 들어오는 모습이 보이지 않자 그 집이 비었다는 사실을 알게 되었을 것이고요. 이로써 타코 씨의 집이 빈집이라는 것을 이 세 사람 모두가 알고 있었던 것입니다."

포터 형사가 자료에 대한 보충 설명을 곁들였다. 사건은 더욱 미궁으로 빠져들고 있었다.

"포터, 하지만 송의 행동이 가장 의심스러워. 같이 여행을 가기로 해놓고 아프다는 핑계로 집에 남은 것이 그렇지 않은가? 요즘 무역회사 사정이 좋지 못하다던데……. 구매 내역을 봐도 가장 적은 금액의 물품을 구입하지 않았는가? 자금 사정이 좋지 못했다는 증거지. 송은 분명 자금 부족에 시달리다 친구의 집을 터는 범행을 저지른 것이 틀림없네!"

주저브 경감은 타코 씨의 친구 송 씨를 범인으로 지목하고 나섰다. 포터 형사도 주저브 경감의 말에 어느 정도 일리가 있다 생각하고 고개를 끄덕이며 말했다.

"그러면 지금 당장 송을 연행할까요?"

"그래야지!"

주저브 경감과 포터 형사는 동시에 자리를 박차고 일어났다. 그러나 매키는 자리에서 일어나지 않고 계속해서 포터 형사가 내어놓은 자료들을 살펴보고 있었다. 잠시 후 매키는 탁자를 '쾅!' 치고 소리치며 일어섰다.

"범인을 알아냈어요!"

범인은 누구일까?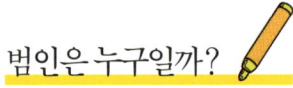

1) 19세 신문배달원 페일러

2) 62세 경비원 브루스 씨

3) 27세 무역회사 직원 송 씨

 ## 수학으로 범인 찾기

 범인은 바로 브루스 씨입니다!

 어떻게 알아낸 거지?

 숫자가 지워진 영수증의 금액은 ○6,62○이고 이것은 같은 물건 72개를 구입한 금액이에요. 이 수를 □6,62△라고 놓으면 □와 △를 찾으면 되지요. 72=9×8이므로 □6,62△는 8의 배수이면서 동시에 9의 배수가 되어야 해요.

 그렇군! 8의 배수가 되려면 어떻게 되어야 하지?

 끝의 세 자릿수가 8의 배수가 되어야 해요. 즉 62△는 8의 배수이지요. 이 조건을 만족하는 △는 4이지요.

 이제 9의 배수만 찾으면 되겠군!

 □6,624가 9의 배수가 되어야 하는데, 9의 배수가 되려면 각 자릿수의 합이 9의 배수가 되어야 하지요. 즉, □+6+6+2+4→(9의 배수)이어야 해요. 이 조건을 만족하는 □는 9이므로 영수증의 금액은 96,624원이죠. 그래서 브루스 씨가 범인이에요.

배수 판정법

    이번에는 배수에 대해 알아볼까요? 12를 3과 다른 수의 곱으로 써 봐요. 이것은 12=3×4라고 쓸 수 있잖아요? 이렇게 12는 3과 자연수와의 곱으로 쓰이죠? 이때 12를 3의 배수라고 불러요. 그럼 3의 배수를 모두 써 볼까요?

3, 6, 9, 12, 15…

    이제 배수가 뭔지 좀 알겠죠? 그럼 어떤 수가 다른 수의 배수인지 아닌지를 어떻게 알 수 있을까요? 자! 그걸 배수 판정법이라고 부르는데 먼저 2의 배수 판정법은 다음과 같아요.

★ 일의 자리의 숫자가 0, 2, 4, 6, 8이면 2의 배수이다.

예를 들어 1,768은 2의 배수일까요? 일의 자리 숫자가 8이죠? 그러니까 1,768은 2의 배수예요. 그럼 367은 2의 배수일까요? 일의 자리 숫자가 7이잖아요? 그러니까 2의 배수가 아니지요.

5의 배수가 되려면 일의 자리 숫자가 0이나 5로 끝나야 해요. 그러니까 235는 5의 배수이고 376은 5의 배수가 아니죠.

★ 일의 자리의 숫자가 0 또는 5이면 5의 배수이다.

이제 4의 배수 판정법에 대해 알아보죠. 다음과 같아요.

★ 끝의 두 자리의 숫자가 4의 배수이면 4의 배수이다.

예를 들어 4,876을 봐요. 끝의 두 자리 숫자 76이 4의 배수이죠? 그러니까 4,876은 4의 배수죠. 마찬가지로 우리는 8의 배수 판정법을 찾을 수 있어요.

★ 끝의 세 자리의 숫자가 8의 배수이면 그 수는 8의 배수이다.

예를 들어 21,328을 봐요. 328이 8의 배수이므로 21,328은 8의 배수이죠. 왜 그럴까요? 21,328은 다음과 같이 쓸 수 있어요.

21,328=10,000×2+1,000×1+100×3+10×2+8

이때 10,000=8×1,250, 1,000=8×125이므로 8의 배수거든요. 그러니까 328이 8의 배수이면 21,328은 8의 배수가 되죠? 그래서 끝의 세 자리의 숫자가 8의 배수이면 그 수는 8의 배수가 되는 거예요.

그럼, 3의 배수는 어떻게 판정할까요? 342를 봐요. 각 자리 숫자의 합은 3+4+2=9이죠? 그리고 9는 3의 배수잖아요? 이렇게 각 자릿수의 합이 3의 배수이면 그 수는 3의 배수가 돼요. 그러니까 342는 3의 배수이죠. 왜 그럴까요? 342는 다음과 같이 쓸 수 있어요.

$$342=300+40+2=3\times100+4\times10+2$$

여기서 100은 99+1이고 10=9+1이죠? 왜 이렇게 덧셈으로 나타냈냐고요? 99는 3의 배수죠. 마찬가지로 9도 3의 배수이고요. 그러니까 342는 다음과 같이 쓸 수 있어요.

$$342=3\times(99+1)+4\times(9+1)+2$$

이것을 좀 더 풀어 쓰면

$$342=((3\times99)+3)+((4\times9)+4+2)$$

가 되고 자리를 바꾸면

$$342=(3\times99)+((4\times9)+3+4+2)$$

가 되잖아요? 그런데 99와 9는 3의 배수이니까 3×99와 4×9도 3의 배수거든요. 그러니까 마지막에 있는 3+4+2가 3

의 배수이면 342는 3의 배수가 되는 거예요. 그런데 3+4+2는 뭐죠? 바로 각 자릿수의 합이잖아요? 그러니까 각 자릿수의 합이 3의 배수이면 그 수는 3의 배수가 되는 거죠.

★ 각 자릿수의 합이 3의 배수이면 그 수는 3의 배수이다.

마찬가지로 9의 배수 판정법은 다음과 같아요.

★ 각 자릿수의 합이 9의 배수이면 그 수는 9의 배수이다.

예를 들어 819를 봐요. 각 자릿수의 합은 8+1+9=18이고 그것이 9의 배수잖아요? 그러니까 819는 9의 배수이죠.

이제 마지막으로 11의 배수 판정법을 알아볼까요? 11의 배수 판정법은 다음과 같아요.

★ 어떤 수의 홀수 번째 자릿수의 합과 짝수 번째 자릿수의 합이 같거나 그 차가 11의 배수이면 그 수는 11의 배수이다.

예를 들어 12,463을 봐요. 홀수 번째 자릿수의 합은 1+4+3=8이고 짝수 번째 자릿수의 합은 2+6=8이잖아요? 홀수 번째 자릿수의 합과 짝수 번째 자릿수의 합이 같으니까 12,463은 11의 배수이지요.

또 다른 예를 볼까요? 9,196을 봐요. 홀수 번째 자릿수의 합은 1+6=7이고 짝수 번째 자릿수의 합은 9+9=18이니까 홀수 번째 자릿수의 합과 짝수 번째 자릿수의 합의 차가 11이고, 이것은 11의 배수이므로 9,196은 11의 배수이지요.

배수 판정법을 알아 두면 정말 유용하다고요!

7장

200장의 카드

-배수의 이용

주저브 경감은 아침부터 안절부절못하며 경찰서 곳곳을 서성였다.

"아니, FBI 놈들은 걸핏하면 나타나서 이래라저래라 하는 거야! 자기들이 이 동네에 대해 알면 얼마나 안다고!"

포터 형사가 한껏 성을 올리고 있는 주저브 경감에게 눈치를 줬지만 주저브 경감은 아랑곳하지 않고 계속 말했다.

"왜 그러나? 우리도 할 말은 해야 될 거 아닌가!"

포터 형사는 이제 거의 울상이 되었다.

"주저브 경감님? 예, 말씀해 보시지요. 어디 한번 들어 봅시다."

"뭐야?!"

버럭 화를 내며 뒤돌아본 주저브 경감은, 자신의 눈앞에 서 있는 사람들이 FBI 요원들임을 단번에 알아보았다. 그대로 굳어버린 주저브 경감은 몸을 사시나무 떨듯 떨고 있었다.

"하하, F……FBI 요원님들 아니십니까? 하하, 오셨으면 오셨다고 인기척이라도 하실 것이지. 하하, 이리로 앉으시지요."

주저브 경감은 손수 의자의 먼지를 털어 내며 앉기를 청했다. 그러나 2명의 FBI 요원들은 주저브 경감의 말을 들은 척도 하지 않고 각자 앉을 자리를 찾아 앉았다. 양손이 민망해진 주저브 경감은 삐질삐질 이마에 흘러내린 땀을 닦아내며 자신이 잡고 있던 의자에 앉았다.

"주저브 경감님, 그런데 저 아이는 누구죠?"

FBI 요원 안드레가 컴퓨터 게임에 빠져 있는 매키를 가리키며 물었다.

"매키라는 소년 탐정입니다."

"소년 탐정? 지금 여기가 애들 놀이터인 줄 아십니까!"

안드레가 탁자를 탕탕 두드리고 인상을 찌푸리며 소리쳤다. 매키는 그런 안드레를 힐끗 쳐다보고는 다시 컴퓨터 게임에 집중했다.

'뭐야? 저 녀석이 지금 나를 무시하는 거야?!'

안드레는 자신을 없는 사람처럼 취급하는 매키의 태도에 당황했다.

"아무튼 우리가 이곳까지 온 것은 쎄콩 미술관의 보안 시스템을 점검하기 위해서입니다."

또 다른 FBI 요원 올슨이 탁자 위에 서류뭉치를 올려 놓으며 말했다.

"쎄콩 미술관의 보안이라면 거의 완벽한 수준이라고 소문 났는데요."

주저브 경감이 말했다.

"그럼 쎄콩 미술관의 보안이 완벽해서 그 작품들을 도둑맞으셨습니까?!"

안드레는 더욱 신경질적으로 빈정대며 말했다.

"그…… 그건, 누팡이었기 때문에……."

"핑계에 불과합니다."

안드레는 주저브 경감의 말허리를 끊으며 끼어들었다.

"올슨, 새로운 보안 시스템에 대해 설명 좀 해드리게."

"네! 이 보안 방법은 1번부터 200번까지 적힌 200장의 카드로 이루어져 있습니다. 1번이 제일 위에 있고 차례대로 숫자가 커져서 맨 아래에는 200번이 있지요. 우선 쌓여 있는 카드의 제일 위 카드를 버리고 다음 카드를 맨 아래로 보냅니다. 그리고 세 번째 카드를 버리고 다시 네 번째 카드를 맨 아래로, 다시 다섯 번째 카드를 버리고 여섯 번째 카드를 맨 아래로 보냅니다. 이 조작은 카드 한 장이 남았을 때까지 진행되며, 그 남은 한 장의 카드의 번호를 입력하면 문이 열리게 되어 있지요. 그 한 장의 카드를 출입문에 끼워야 미술관 안으로 들어갈 수 있는 시스템입니다."

쉽게 이해하지 못한 주저브 경감의 머리는 뱅글뱅글 돌고 있었다.

"그러면 미술관 안으로 들어가기 위해서는 엄청난 시간이 소요될 것 같은데요."

주저브 경감이 머리를 가로저었다.

"시간이 얼마나 걸리든 간에 도둑을 맞지 않는 게 중요하죠! 아마 쎄콩 미술관에 지금쯤 시스템 설치가 완료되었을 겁니다."

"200장의 카드는 한 벌뿐인가요?"

주저브 경감이 물었다.

"두 벌이 있습니다. 하나는 제가 관리하고 있고, 다른 하나는 매일 경비를 서는 사람이 가지고 있지요."

그때였다.

"경감님! 또 누팡의 노란색 경고 쪽지가 왔습니다!"

포터 형사가 다른 경찰관에게 건네받은 쪽지를 들고 주저브 경감에게 다가갔다.

"뭐라고?!"

주저브 경감이 그 쪽지를 받아드는 순간, 안드레가 쪽지를 낚아채 버렸다.

"흠…… 잘됐군요."

"네? 무슨……?"

"답답하시긴! 누팡이 오늘 저녁 9시에 쎄콩 박물관에 방문하겠답니다. 우리 보안 시스템의 성능을 테스트해 볼 수 있는 좋은 기회 아닙니까? 누팡은 오늘 저녁 미술관의 작품에 손끝 하나 대지 못할 것입니다."

안드레는 자신감에 차 있었다.

저녁 9시, FBI의 지휘 아래 쎄콩 미술관은 전면 봉쇄되었다. 이전과 마찬가지로 9시가 되자 쎄콩 미술관의 모든 전기가 끊어졌다. 그런데 정전된 지 겨우 10초 만에 다시 미술관의 모든 전기가 들어왔다.

"아니, 어떻게 된 거지?"

여전히 미술관의 문은 굳게 잠겨 있었다. 안드레는 미술관 안의 상황을 살피기 위해 맨 위의 카드를 버리고 그 다음 카드를 맨 아래에 내리기를 반복하고 있었다. 그러는 사이 시간은 계속해서 흘러갔다. 한참 뒤 미술관의 문이 열렸다. 안드레는 자신의 두 눈을 믿을 수 없었다. 미술관 안의 작품이 감쪽같이 사라진 것이다. 그것도 FBI를 비웃기라도 하듯 단 10초 만에 말이다. 얼이 빠진 안드레를 바라보는 매키의 두 눈에 장난기 어린 미소가 번졌다.

<u>누팡은 어떻게 10초 만에 카드 200장에서 한 장의 카드를 골라낼 수 있었을까?</u>

수학으로 범인 찾기

이 보안 시스템은 배수의 성질을 이용하면 원하는 카드를 골라낼 수 있어요. 수학도둑 누팡은 경비로부터 카드 한 벌을 훔쳐 배수의 원리를 이용하여 10초 만에 128번 카드로 문을 열 수 있다는 것을 알아냈어요!

어떻게 누팡이 128번 카드가 남게 된다는 것을 알았지?

원리는 간단해요. 1번을 버리고 2번을 아래로 보내고, 3

번을 버리고 4번을 맨 아래로 보내는 조작을 200번 카드까지 하고 나면 2의 배수의 카드만 남지요.

그 다음은?

다시 여기서 2번은 버리고 4번은 맨 아래로 보내고, 6번은 버리고 8번은 맨 아래로 보내는 조작을 하면 4의 배수만 남아요. 이런 식으로 조작을 계속하면 다음에는 8의 배수, 16의 배수, 32의 배수, 64의 배수, 이런 식으로 남게 되지요. 64의 배수만 남은 경우는 64와 128의 두 장의 카드만이 남게 되는데, 그중 맨 위에 있는 64번 카드를 버리면 128번의 카드만 남게 되죠. 누팡은 이 원리를 알았던 거죠.

함께 풀어 봐요!

짝수와 홀수의 성질 이용하기

　짝수와 홀수의 성질을 이용하는 재미있는 문제를 소개하겠습니다. 어느 고등학교 학생 49명의 수학 점수를 생각합시다. 그중 어떤 한 명의 점수를 제외한 나머지 학생들의 점수의 총합은 항상 짝수라고 합시다. 첫 번째 학생의 점수가 77점일 때 나머지 학생의 점수들은 홀수일까요? 짝수일까요?
　어떤 한 명의 점수를 제외한 나머지 학생들의 점수의 합이 항상 짝수라고 했죠? 그러니까

(전체점수)-(임의의 한 점수)→(짝수)

가 되지요. 임의의 한 점수가 첫 번째 학생의 점수라고 하면

(전체점수)-77→(짝수)

이므로

(전체점수)=77+(짝수)→(홀수)+(짝수)→(홀수)

가 되지요. 그러므로 전체점수(모든 학생의 점수의 합)는 홀수입니다.

이번에는 첫 번째 학생의 점수가 아닌 다른 학생의 점수를 어떤 한 점수로 택해 봅시다. 이때도

(전체점수)-(어떤 한 명의 점수)→(짝수)

가 성립하지요. 이 식을 (어떤 한 명의 점수)에 대해 풀면

(어떤 한 명의 점수)=(전체 점수)-(짝수)

가 되지요. 전체점수는 홀수이고 홀수에서 짝수를 빼면 홀

수이므로, 임의의 한 점수는 홀수가 되지요. 그러므로 이 반 학생들의 점수는 모두 홀수입니다.

홀수에서 짝수를 빼면 홀수!

8장

오뎅의 '생각 안 하는 사람'
-일정한 규칙을 가진 수들의 합

사무실에서 사건 파일을 정리하던 주저브 경감은 눈꺼풀이 내려앉는 것을 막기 위해 욕실로 갔다. 그러고는 세면대 속에 얼굴을 파묻고 한참이나 찬물을 퍼부었다. 잠시 후 고개를 들어 올린 주저브 경감은 정신 나간 사람처럼 욕실 안을 살피기 시작했다. 욕실 안에 아무도 없다는 것을 확인한 그는 욕실 거울에 붙은 노란 종이를 떼어냈다.

"이 종이가 정말로 경감님 사무실 안 욕실에서 발견되었단 말씀이십니까?"

포터 형사가 믿을 수 없다는 표정으로 노란 종이를 들여다보았다.

"몇 번을 말해야 믿겠나? 누팡은 이제 경찰서 안을 제집 드

나들 듯하고 있다고!"

주저브 경감은 얼굴의 물기를 다 닦아내지 못한 채 두 주먹을 꽉 쥐었다.

"'내일 오후 9시 쎄콩 박물관은 내가 접수한다'고 써 있네요. 이거 큰일인데요! 매키도 어제 소풍 가고 없는데……."

포터 형사는 노란 종이에 적힌 내용을 소리 내어 읽고는 책상 위에 내려놓았다.

"제아무리 누팡이라도 이번엔 쉽지 않을 걸세! 쎄콩 박물관은 유명 미술품뿐만 아니라 철저한 보안 장치로도 이름을 날리고 있는 박물관이지. 미술관 안으로 침입하기 위해서는 50개의 서로 다른 문을 통과해야 하네. 그 50개의 열쇠 꾸러미만 잘 지킨다면 미술품이 도난당하는 사건은 일어나지 않을 걸세. 설령 50개의 열쇠를 누팡이 찾아낸다 해도 상관없지. 하나의 열쇠를 자물쇠에 넣어 보는 데 1초가 걸린다 해도 50개의 열쇠를 50개의 문에 각각 하나씩 맞춰 보려면 최소 2,500초가 걸리거든. 즉 41~42분이 걸리는 셈이지. 누팡은 분명 박물관을 정전시키고 그사이 범행을 저지르려 할 걸세. 하지만 안타깝게도 우리의 쎄콩 박물관은 정전이 되어도 25

분 후에는 자가발전으로 불이 들어오도록 되어 있지."

주저브 경감은 포터 형사에게 50개의 열쇠 꾸러미를 건네며 의미심장한 미소를 지으며 말했다.

'포터, 자네는 이 열쇠 꾸러미만 잘 지키면 되네. 누팡! 이번에는 너를 반드시 잡고 말 거야!'

다음 날, 아침부터 경찰관들이 쎄콩 박물관을 에워싸고 있었다. 기자들은 조금 더 좋은 자리를 차지하기 위해 다투었고, 시민들은 누팡과 주저브 경감의 대결에서 누가 이길지 내기하느라 바빴다. 드디어 해가 저물고 누팡이 예고한 9시가 다가왔다.

"경감님, 조용한데요."

포터 형사가 주저브 경감의 곁으로 다가오며 말했다.

"좀 더 지켜봐야지. 아직 9시가 되려면 39초가 남았어. 시간 약속 하나는 철저하게 지키는 놈이지."

39초 후 드디어 정각 9시를 알리는 시계 종소리가 울렸다.

"경감님! 놈이 나타났습니다!"

포터 형사가 소리쳤다. 예상대로 박물관의 모든 불은 꺼졌다.

"침착하게! 포터! 50개의 열쇠 꾸러미는 잘 지키고 있겠지?"

"물론입니……."

허리에 차고 있던 열쇠 꾸러미가 잘 있는지 허리를 더듬어 보던 포터 형사가 말끝을 흐렸다.

"무슨 일인가! 포터?!"

"열쇠 꾸러미가 사라졌습니다!"

"뭐?!"

미술품을 훔쳐 가는 건 불가능하다고 호언장담하던 주저브 경감은 점점 불안해졌다. 누팡은 50개의 열쇠 꾸러미를 소리도 없이 낚아채 간 것이다.

사람들은 어둠 속에서 숨을 죽이고 그 속에서 들려오는 미세한 소리에 귀를 기울였다. 그러나 어둠 속에서 들려오는 것은 사람들의 헛기침 소리, 숨소리, 신발 끄는 소리밖에 없었다.

정확히 25분 뒤, 미술관의 자가 발전기가 가동되어 불이 밝혀졌다. 그 결과는 주저브 경감의 완패였다.

"쎄콩 박물관 현장입니다. 지금 이곳은 태풍이 휩쓸고 지나간 자리처럼 참혹하기 그지없습니다. 누팡은 수백 명의 경찰관을 비웃기라도 하듯 쎄콩 미술관의 모든 미술품을 가지고 달아났습니다. 이번에 도난당한 미술품은 오뎅의 '생각 안 하는 사람'으로 그 가격이 시가 2조 원에 달하는 것으로 밝혀졌습니다. 우리 국민들이 계속 이런 경찰을 믿고 살아가야 하는 것인지 의문스러울 뿐입니다."

주저브 경감은 넋이 나간 사람처럼 뉴스만 하염없이 바라보고 있었다.

"아저씨!"

수학탐정 매키가 주저브 경감의 사무실로 뛰어 들어왔다. 소풍 가서 돌아오자마자 경찰서로 달려온 매키는 아직 배낭도 풀지 못한 상태였다. 주저브 경감은 여전히 시선을 TV에 고정시킨 채 넋이 나가 있었다. 매키는 배낭을 풀고 의자에 앉았다. 그러고는 경찰에 대한 악담을 퍼붓는 뉴스를 리모컨으로 꺼버렸다. 매키는 주저브 경감이 걱정되어 그의 곁으로 다가갔다.

"아저씨······."

"드르렁~ 드르렁~"

주저브 경감은 오늘의 치욕은 까맣게 잊은 채 깊은 단잠에

빠져 있었다.

"난 또……. 풋!"

매키는 이 상황에서 곤히 잠든 주저브 경감을 보니 피식 웃음이 났다. 매키는 주저브 경감에게 작은 담요를 덮어 주고는 주저브 경감이 정리해 둔 사건 파일을 들여다보았다.

"주저브 아저씨가 큰 실수를 했어. 25분이라면 누팡이 50개의 문을 열고 도망칠 수 있는 충분한 시간이야."

매키의 눈빛이 반짝거렸다.

매키는 누팡이 오뎅의 '생각 안 하는 사람'을 어떻게 25분 이내에 훔칠 수 있다고 생각했을까?

1) 천부적인 대도의 기질을 가지고 있는 누팡은 열쇠를 만지는 순간 이 열쇠가 어느 방문의 열쇠인지를 느낄 수 있었다.

2) 누팡은 빠른 곱셈의 원리를 이용했다.

3) 누팡은 일정한 차이가 나는 수들의 합을 구하는 규칙을 알고 있었다.

수학으로 범인 찾기

누팡은 일정한 차이가 나는 수들의 합을 구하는 규칙을 이용했어요!

매키! 난 아직도 이해가 안 돼. 누팡이 어떻게 25분 이내에 50개의 열쇠로 50개의 방문을 열 수 있었지? 하나의 열쇠를 문의 자물쇠에 끼워 보는 데 1초가 걸린다 해도 50×50=2,500(초)이니까 이것을 분으로 바꾸면 41~42분 걸리는 게 아닌가?

 왜 두 수를 곱하는 거죠?

 하나씩 모두 열어 본다고 해봐. 하나의 문에 50개의 열쇠를 맞춰 보는 방법은 50가지이잖아? 그리고 문은 50개가 있으니까 곱해야 하는 거 아닌가?

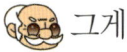 아저씨가 착각을 하신 게 있어요.

그게 뭐지?

50개의 문을 차례대로 1번부터 50번까지라고 해보죠. 그럼 1번 문에 50개의 열쇠를 넣어 보면 그중 하나는 맞을 거예요. 물론 우연히 처음에 넣어 본 열쇠에 문이 스르륵 열릴 수도 있겠지만 반대로 맨 마지막 열쇠를 넣었을 때 문이 열리는 경우도 있잖아요? 그러니까 가장 재수 없는 경우를 따져 보죠. 그럼 첫 번째 방문을 여는 데는 최대 50번 열쇠를 넣어 봐야 하니까 50초가 걸릴 거예요.

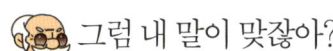 그럼 내 말이 맞잖아?

 하지만 두 번째 방부터는 상황이 달라져요.

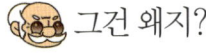 그건 왜지?

50개의 열쇠 중에서 하나의 열쇠는 1번 방의 열쇠로 결

정되었으므로 이제 남은 열쇠는 49개예요.

🧑 아, 정말 그렇군.

🐸 그러니까 2번 방문에는 49개의 열쇠를 넣어 보면 반드시 그중 하나는 2번 방을 열 수 있는 열쇠일 거예요.

🧑 그렇군. 3번 방은 48개의 열쇠, 4번 방은 47개의 열쇠……. 이런 식으로 되겠군.

🐸 맞아요. 그러니까 가장 오래 걸리는 경우가 되더라도 '50+49+48+47+…+2+1(초)'이면 50개의 방문을 모두 열 수 있어요. 이것을 계산하면 1,275초가 되고 이것을 분으로 고치면 21분 15초이니까 누팡은 전깃불이 다시 들어오기 전에 50개의 방문을 열고 오뎅의 '생각 안 하는 사람'을 훔칠 수 있었던 거죠.

🧑 내가 잘못 생각했군! 문을 여는 데 필요한 열쇠의 개수가 하나씩 줄어든다는 생각을 왜 못 했을까?

🐸 그게 바로 수학문제의 함정이지요. 아이들이 가장 실수하기 쉬운 것 중의 하나이고요.

🧑 이런 문제를 쉽게 접근하는 방법이 있나?

🐸 50이라는 숫자는 너무 크니까 좀 더 작을 수를 가지고

연습해 보는 거예요.

 그게 무슨 말이지?

예를 들어 세 개의 방문이 있고 세 개의 열쇠가 있다고 하죠. 세 개의 방문은 차례대로 1, 2, 3이라고 하고 열쇠는 A, B, C라고 해보죠. 그럼 1번 방의 열쇠는 A, B, C 셋 중의 하나예요. 그러니까 세 번 열쇠를 넣어 보면 되겠지요. 만일 1번 방의 열쇠가 A라고 해봐요. 그럼 2번 방에 A를 꽂아 볼 필요가 없잖아요?

B와 C만 끼워 보면 되지.

그러니까 두 번 열쇠를 넣어 보면 되겠지요. 그렇게 해서 2번 방의 열쇠가 B라는 걸 알아냈다고 해봐요. 그럼 3번 방에는 C를 끼우면 되니까 3번 방을 열 때는 한 번만 넣어 보면 되는 거죠.

 아하! 그럼 '3+2+1(초)'가 걸리겠군!

맞아요.

수가 작아지니까 이해가 잘 되는군!

 이것이 어려운 수학문제를 이해하는 좋은 훈련법 중의 하나죠.

일정한 규칙을 가지는 수들의 합을 구하는 방법

1부터 10까지 수의 합을 어떻게 계산하지요? 물론 1+2=3, 3+4=7, 5+6=11……. 이렇게 차례대로 더할 수 있지요. 하지만 시간이 너무 많이 걸리겠지요? 다른 방법을 알아보죠.

우선 1부터 10까지를 차례대로 써 보세요.

1 2 3 4 5 6 7 8 9 10

거꾸로 10부터 1까지를 그 밑에 써 보세요.

1 2 3 4 5 6 7 8 9 10
10 9 8 7 6 5 4 3 2 1

어떤 규칙이 있을까요? 위아래 두 수를 더하면 모두 11이 나오지요? 그러므로 주어진 수들을 모두 더한 것은 1부터 10까지의 수를 더한 값의 두 배입니다. 그것은 11의 10배인 110이 됩니다. 그러니까 1부터 10까지의 합은 110의 절반인 55가 되지요.

$$1+2+3+4+5+6+7+8+9+10=55$$

이 방법은 이웃하는 수들 사이의 차이가 일정한 수열일 때 적용되는 방법입니다. 예를 들어 다음 수열의 합을 계산해 봅시다.

$$3+5+7+9+11+13+15$$

먼저 거꾸로 더한 것을 밑에 씁니다.

3+5+7+9+11+13+15

15+13+11+9+7+5+3

그리고 위아래 두 수의 합이 18이므로 모든 수의 합은 18×7＝126입니다. 그러니까 우리가 구하는 합은 그 값의 절반인 63이 되지요.

3+5+7+9+11+13+15=63

일정한 규칙을 발견하면 계산이 쉬워져요!

9장

누팡 유인 작전
-수열

"포터 아저씨, 주저브 아저씨가 힘이 없어 보여요."

매키는 힘없는 표정으로 책상에 앉아서 낙서를 하고 있는 주저브 경감을 바라보며 포터 형사에게 물었다.

"누팡에게 당한 게 자존심이 상하셨나 봐."

포터 형사가 주저브 경감이 들리지 않을 만큼 작은 목소리로 매키에게 말했다. 주저브 경감은 자신의 실수로 오뎅의 '생각 안 하는 사람'이 분실되었다고 생각하고 있었다. 그래서인지 그는 최근에는 순찰도 나가지 않고 하루 종일 책상에 앉아 낙서만 하면서 시간을 보내고 있었다.

"주저브 아저씨!"

매키가 큰 소리로 주저브 경감을 불렀다.

"음……. 매키 왔구나."

주저브 경감은 매키가 들어온 줄도 모르고 건성으로 대꾸했다.

"아저씨, 누팡을 골탕 먹여 볼까요?"

매키가 눈을 반짝거리며 말했다.

"또 망신당하긴 싫어. 이미 사람들이 나를 누팡에게 번번이 당하는 늙은이라고 부르고 있단 말이야."

주저브 경감이 시무룩한 표정으로 말했다.

"제게 좋은 생각이 있어요. 누팡을 유인하는 거예요."

"어떻게 유인한다는 거지? 미꾸라지 새끼처럼 요리조리 피해 다니는 누팡을 말이야."

"누팡은 수학을 즐기잖아요? 자신이 최고의 수학자라고 생각을 하잖아요? 수학을 이용하여 누팡이 아니면 해결할 수 없는 분위기를 만들어 누팡을 유인하여 잡는 거예요. 어때요? 제 생각이?"

"그거 좋은 생각 같군."

매키의 제안에 주저브 경감의 목소리에 힘이 들어가기 시작했다.

매키는 로고스 시의 대표적인 수학 잡지인 '매쓰타임즈'로 갔다. 매쓰타임즈는 수학과 관련된 기사가 많아 누팡이 즐겨 보는 잡지이기 때문이었다. 매키는 이 잡지에 다음과 같은 광고를 냈다.

<광고>

힐베르토 백작의 유언 게임에 참가하십시오. 힐베르토 백작은 평생을 수학을 연구해 많은 책을 출간해 그동안 많은 재산을 모았습니다. 하지만 평생 혼자 지낸 백작에게는 가족도 친구도 없습니다. 그는 재산 전부를 금고에 넣어 두었고 금고의 비밀번호 암호는 다음과 같습니다.

7, 9, 11, 13, 15, 17, 19, 3, 5, 1, 7, 9, 11

금고의 비밀번호는 다섯 개의 수로 이루어져 있습니다. 이 암호를 풀고 금고를 열면 금고 안에는 두 개의 상자가 있습니다. 큰 상자에 담긴 돈은 가난한 수학자들을 위한 기금으로 쓰일 것이고, 작은 상자에 담긴 돈은 암호를 푼 사람이 가지는 상금입니다. 수학에 자신 있는 사람들은 도전해 주시기 바랍니다.

-힐베르토 백작 유언집행자

"이 광고가 과연 효과가 있을까?"
주저브 경감이 의심쩍은 목소리로 말했다.
"두고 보세요. 누팡은 틀림없이 게임에 참가할 거예요."
매키는 확신에 찬 표정으로 말했다.

광고가 나간 후 힐베르토 백작의 집에는 암호를 풀어 상금을 타려는 사람들로 붐볐다. 매키는 주저브 경감과 함께 힐베르토 백작의 집에서 누팡이 나타나기를 기다렸다. 유언집행자는 한 사람씩 금고가 있는 방으로 입장시켰지만 금고문은 열리지 않았다.
"다음 분은 누구죠?"
유언집행자가 다음 도전자를 방으로 들어가게 했다. 그런

데 놀랍게도 금고문은 열려 있었고, 상자 두 개가 모두 사라져 있었다. 지원자로 변장한 누팡이 금고문을 열고 두 개의 상자를 모두 가져간 것이었다.

"누팡의 짓이야. 우리가 놓치고 만 거야."

주저브 경감이 허탈한 표정으로 말했다.

"걱정 마세요. 상자 안에는 아무것도 없어요. 제가 누팡을 골탕 먹인 것뿐이에요."

매키는 이렇게 말하고는 이 사건을 취재하러 온 기자들에게 누팡이 암호를 해결한 상금뿐만 아니라 사회에 기부할 돈까지 모두 훔쳐 간 사실을 인터넷 신문에 내도록 부탁했다. 결국 이 사건은 매키가 누팡을 약 올린 한판 승부로 끝이 났다.

과연 매키가 낸 문제의 정답은 뭘까? 여러분의 추리는?

수학으로 범인 찾기

 금고의 비밀번호 암호는 수열의 특성을 이용하면 알 수 있어요!

수열의 특성이라고?

이 암호는 간단한 암호예요. 7, 9, 11, 13, 15, 17, 19, 3, 5, 1, 7, 9, 11은 34213을 나타내지요.

잘 이해가 안 되는군.

간단해요. 우선 암호에는 홀수들만 있지요?

7, 9, 11…. 정말 그렇군!

수열의 합을 이용한 거죠.

어떻게?

홀수들의 합은 재미있는 규칙을 가지고 있어요.

 그게 뭐지?

 홀수는 1, 3, 5, 7, 9, 11, 13…이잖아요? 이것을 다음과 같이 나누어 보세요.

$$1$$
$$3, 5$$
$$7, 9, 11$$
$$13, 15, 17, 19$$

 왜 나누는 거지?

 일단 각각의 수들을 더해 보세요.

 가만…….

$$1$$
$$3+5=8$$
$$7+9+11=27$$
$$13+15+17+19=64$$

🧓 뭐야? 아무 규칙이 없잖아?

🧑 8=2×2×2이죠? 27=3×3×3이고 64=4×4×4이고 1=1×1×1이 되잖아요? 그러니까 다음과 같지요.

$$1 = 1 \times 1 \times 1 = 1^3$$
$$3+5 = 2 \times 2 \times 2 = 2^3$$
$$7+9+11 = 3 \times 3 \times 3 = 3^3$$
$$13+15+17+19 = 4 \times 4 \times 4 = 4^3$$

🧓 아하! 그러니까 3, 5는 2를 7, 9, 11은 3을 13, 15, 17, 19는 4를 나타내는군.

🧑 맞아요. 그러니까 7, 9, 11, 13, 15, 17, 19, 3, 5, 1, 7, 9, 11은 7, 9, 11은 3을 13, 15, 17, 19는 4를, 3, 5는 2를 1은 1을 나타내므로 암호는 34213이 되지요. 그걸 누팡이 찾아낸 겁니다.

🧓 아무튼 누팡의 수학실력도 대단해. 하지만 이번 일로 망신을 좀 당했을걸.

정다각형으로 수열 만들기

삼각수
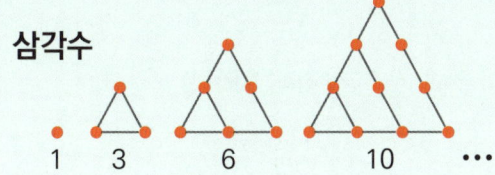
1　3　6　10　…

사각수
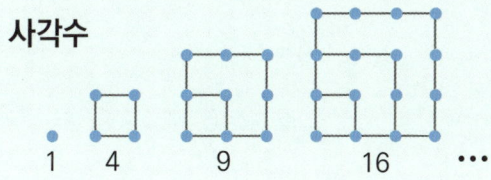
1　4　9　16　…

오각수
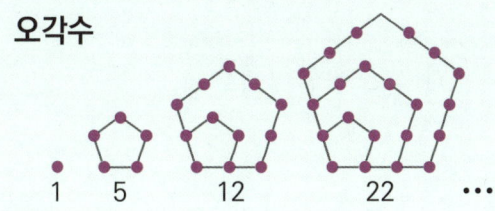
1　5　12　22　…

정다각형을 이용해 수열을 만드는 방법을 알아보죠. 수열은 수들이 일정한 규칙으로 나열된 것을 말하죠. 앞 페이지 그림은 정삼각형, 정사각형, 정오각형을 만들기 위한 점의 개수를 헤아린 거죠. 이 수들은 각각 삼각수, 사각수, 오각수라고 불러요.

삼각수는 다음과 같은 수열이에요.

1, 3, 6, 10, 15…

삼각수는 다음과 같은 성질이 있어요.

1=1

1+2=3

1+2+3=6

1+2+3+4=10

사각수는 다음과 같은 수열이에요.

1, 4, 9, 16, 25…

사각수는 다음과 같이 쓸 수 있어요.

$$1 = 1 \times 1$$
$$4 = 2 \times 2$$
$$9 = 3 \times 3$$
$$16 = 4 \times 4$$
$$25 = 5 \times 5$$

오각수는 다음과 같은 수열이에요.

$$1, 5, 12, 22 \cdots$$

수열은 수들이 일정한 규칙으로 나열된 것을 말하죠!

피보나치 박사 납치사건
-피보나치 수열과 트리보나치 수열

"요즘은 의뢰도 많이 안 들어오고 심심해 죽을 맛이군! 나의 호기심을 자극하는 그런 사건 하나 안 들어오나?"

매키는 사무실의 낡은 전화기를 바라보며 혼자 중얼거렸다. 점심을 배부르게 먹고 나른해진 매키는 푹신한 소파에 기대앉아 스르르 내려오는 눈꺼풀과 전쟁을 하고 있었다.

"따르릉~ 따르릉~!"

드디어 기다리고 기다리던 낡은 전화기가 요란하게 울음을 터트렸다. 화들짝 놀란 매키는 냉큼 일어나 전화 수화기를 들었다. 전화 속 목소리는 주저브 경감이었다.

"매키! 당장 케이츠 경찰국으로 좀 와 줄래? 피보나치 박사가 납치됐어!"

"피보나치 박사라면 피보나치 수열과 트리보나치 수열을 발견해 세상을 놀라게 한 분 말이죠?"

"맞아. 매키! 함께 가줘야겠어."

매키는 어려운 사건을 하나둘 해결하며 그 명성을 점점 넓혀 가고 있었기 때문에 가끔 힘든 경찰국 수사에 투입되어 주저브 경감을 돕곤 했다. 표준 수사방식으로 밀고 나가며 자신의 직감만으로 추리해 해결하려는 주저브 경감의 스타일을 알기에 또 무슨 고집을 부렸을까 하는 생각이 들었다. 매키는 서둘러 망토와 모자를 챙겨 쓰고 주저브 경감과 함께 피보나치 박사의 사무실을 찾았다.

"박사님이 안 보이신 지가 얼마나 됐습니까? 엔젤 양!"

매키가 피보나치 박사 사무실의 여비서를 날카롭게 쏘아보며 질문했다. 엔젤 양은 겁먹은 듯 쭈뼛쭈뼛하다가 조심스럽게 말문을 열었다.

"그게, 저…… 사흘 전부터 전화도 없이 사무실에 나오지 않으셨으니까…… 사택에 한 번 들러 보고……. 음, 안 계시고……. 그러니깐 그게 나흘됐네요!"

엔젤 양은 매키의 질문에 더듬더듬 대답했다. 엔젤 양은 크고 두꺼운 안경을 코 아래까지 내려 쓰고, 얼굴엔 여기저기 주근깨가 덕지덕지 나 있었다. 보이는 모습은 어리숙하지만 주저브 경감은 아주 똑똑하고 야무진 비서라고 알려 주었다. 매키는 엔젤 양에게 더 많은 얘기를 들을 수 있었다.

  박사는 중후한 멋을 풍기며 말수가 적고 소심하며, 수학연구에만 빠져 있어 여자친구를 만들어 본 적이 없다고 했다. 또한 수요일마다 대학 강의에 나갔고, 유독 꼬리 치는 여대생 에이미가 박사의 주위를 맴돌았다고 했다. 이웃에 사는 노처녀 자넷은 노골적으로 피보나치 박사에게 하루도 빠짐없이 찾아와 프러포즈를 했다고 했다. 주절주절 얘기를 꺼내는 엔젤 양을 의심이 가득한 눈으로 보고 있던 주저브 경감이 말했다.

  "엔젤 양! 당신도 피보나치 박사를 마음에 품고 있었잖소?"

  주저브 경감의 갑작스런 질문에 엔젤 양은 '어떻게 알았지?' 하는 얼굴로 얼어버린 채 멀뚱멀뚱 경감만 쳐다보고 있었다.

  "아이고, 여자들이란 그저…… 말, 말, 말."

  매키는 엔젤 양의 말을 듣고 잠시나마 에이미와 자넷을 용의자로 의심한 자신이 창피해졌다. 그러나 모든 것이 단서가 될 수 있는 지금 어느 것 하나 놓칠 수 없었다. 단서를 찾기 위해 박사의 책상을 뒤적이다 박사의 낡은 일기장을 발견할 수 있었다. 한 장 한 장을 넘기면서 매일매일 똑같이 쓰여진 글을 발견하게 되었다. 미심쩍게 생각한 매키는 글을 읽고 또 읽어 보았다.

그녀는 우리에게만 기쁨이 있기를 바란다.
인절미가 맛있다고 한 사람은 나의 비서 엔젤이다.
□ + □ + □ = △

"아니예요. 전 아니예요. 제가 만약 박사님을 납치했다면 이렇게 신고까지 할 수 있었겠어요? 정말 저는 아니예요."

엔젤 양은 도둑이 제 발 저린 양 지레 겁먹고 묻지도 않은 말을 하며 방방 뛰었다.

"정말 산만한 여자야……."

매키는 고개를 절레절레 저었다. 이렇게 된 이상 엔젤 양을 유력한 용의자로 볼 수밖에 없었다. 하지만 에이미와 자넷도 배제할 수 없었기에 함께 불러 탐문수사를 진행했다.

"흥! 피보나치 박사님요? 제가 왜요? 저는 학교에서 잘나가는 퀸카예요. 제가 뭐가 아쉬워서 허접한 박사님을 납치하겠어요? 그게 말이나 돼요?"

대학생 에이미는 늘씬한 몸매에 키도 훤칠하게 컸으며 자신감이 흘러넘쳐 보였다.

"음……."

"제가 사랑하는 피보나치가 어떻게 됐다구요? 흐흑, 나의 사랑이 부담스러워 자취를 감추신 거라면 제가 포기한다고! 그러실 필요 없다고 말씀해 주세요. 네~?"

이웃에 사는 자넷은 흐느끼며 피보나치를 걱정하는 듯했

다. 하지만 매키는 의심의 끈을 놓을 수 없었다. 피보나치 박사가 남긴 암호와 피보나치 주위의 세 명의 여인……. 이 풀리지 않는 의문은 꼬리에 꼬리를 물며 매키를 괴롭혔다. 그러나 천하의 수학탐정 매키가 풀지 못하는 문제는 없었다. 잠시 눈을 감고 생각에 잠겨 있던 매키는 세 명의 여인 중의 한 명을 피보나치 박사의 납치범으로 지목했다.

과연 매키가 지목한 박사의 납치범은 누구일까?

1) 피보나치 박사의 여비서 엔젤(박사를 은근히 사랑했으며 같이 있으면 매우 시끄러움.)

2) 박사가 가르치는 대학생 에이미(잘나가는 매력 만점 대학생으로 자신감이 도가 지나칠 정도로 넘침.)

3) 이웃 사는 노처녀 자넷(노골적으로 들이대는 스타일. 하지만 박사의 납치사건 이야기를 듣고 슬퍼함. 진심일까? 납치한 사실을 숨기기 위한 연극일까? 하는 의심이 생김.)

 수학으로 범인 찾기

 납치 범인은 에이미예요!

왜 범인이 엔젤이 아니라 에이미지? 피보나치 박사의 글에는 엔젤이라는 이름만 나왔잖아?

피보나치 박사는 자신이 발견한 피보나치 수열과 트리보나치 수열을 이용하여 암호문을 쓴 거예요.

피보나치 수열? 트리보나치 수열? 그게 뭐지?

1, 2로 시작해서 앞의 두 수의 합이 다음 수가 되는 수들로 만들어진 수열을 피보나치 수열이라고 하고, 1, 2, 3으로 시작해서 앞의 세 수의 합이 다음 수가 되는 수열을 트리보나치 수열이라고 하죠.

무슨 말이지?

먼저 피보나치 수열을 보죠. 1+2는 뭐죠?

3.

그게 피보나치 수열의 세 번째 수예요. 그럼 2+3은요?

5.

그게 피보나치 수열의 네 번째 수지요. 그럼 다음 수는

3+5=8이 되고, 그 다음 수는 5+8=13, 그 다음 수는 8+13=21, 이런 식이 되죠. 즉 피보나치 수열은

1, 2, 3, 5, 8, 13, 21, 34, 55…

가 되지요.

 하지만 피보나치 박사의 글에는 수가 없잖아?

 글자 하나하나에 수를 대응해 볼게요.

그	녀	는	우	리	에	게	만	기	쁨
1	2	3	4	5	6	7	8	9	10
이	있	기	를	바	란	다	인	절	미
11	12	13	14	15	16	17	18	19	20
가	맛	있	다	고	한	사	람	은	나
21	22	23	24	25	26	27	28	29	30
의	비	서	엔	젤	이	다			
31	32	33	34	35	36	37			

여기서 피보나치 수열에 대한 글자만 뽑으면 '그녀는리만가엔'이 되요.

🗣️ 뭐야? 아무 뜻도 없잖아?

🐵 이번에는 트리보나치 수열을 보죠. 앞의 세 수의 합이 다음 수가 되니까 트리보나치 수열의 네 번째 수는 1+2+3=6이 되고, 다섯 번째 수는 2+3+6=11이 되고, 여섯 번째 수는 3+6+11=20이 되고, 일곱 번째 수는 6+11+20=37이 되지요. 그러니까 트리보나치 수열은 1, 2, 3, 6, 11, 20, 37…이 되지요. 이 수에 대응되는 글자만 쓰면 이렇게 되죠!

그녀는 에이미다

🐵 피보나치 박사님이 남긴 힌트 □+□+□=△는 바로 앞의 세 수의 합이 다음 수가 된다는 거예요.

🗣️ 허허, 그러니까 피보나치 박사는 에이미가 자신을 납치할 것을 미리 알고 있었군! 그걸 암호로 매일 적은 것이고.

피보나치 수열의 성질

피보나치 수열은 앞의 두 수의 합이 다음 수가 되는 수들의 모임이죠. 피보나치 수열은 다음과 같아요.

1, 2, 3, 5, 8, 13, 21, 34…

이 수열을 처음 발견한 사람은 피보나치입니다. 그래서 이것을 피보나치 수열이라고 부릅니다. 피보나치 수열은 신비한 성질들이 많이 있답니다.

이 수열의 네 번째 수인 5부터는 재미난 규칙을 찾을 수 있습니다.

네 번째 수를 두 번째 수로 나눈 몫과 나머지를 구해 봅시다.

$$5 \div 2 = 2 \cdots 1$$

다섯 번째 수를 세 번째 수로 나눈 몫과 나머지를 구해 봅시다.

$$8 \div 3 = 2 \cdots 2$$

여섯 번째 수를 네 번째 수로 나눈 몫과 나머지를 구해 봅시다.

$$13 \div 5 = 2 \cdots 3$$

일곱 번째 수를 다섯 번째 수로 나눈 몫과 나머지를 구해 봅시다.

$$21 \div 8 = 2 \cdots 5$$

여덟 번째 수를 여섯 번째 수로 나눈 몫과 나머지를 구해 봅시다.

$$34 \div 13 = 2 \cdots 8$$

어떤 규칙이 있지요? 몫이 항상 2가 됩니다. 그리고 나머지를 차례로 써 보면 다음과 같습니다.

1, 2, 3, 5, 8…

아니! 나머지들이 다시 피보나치 수열이 되는군요. 이것이 피보나치 수열의 신기한 성질입니다.

피노나치 수열의 성질, 정말 신기하죠?

여가수 제니타 레일 실종 사건
-최소 공배수

주저브 경감은 사무실에서 신문을 크게 펼쳐 들고 간만에 찾아든 여유를 즐겼다. 신문에는 세계가 인정한 여가수 '제니타 레일'에 관한 기사가 한가득 도배되어 있었다.

"포터, 이 제니타 레일인가 뭔가 하는 여자는 누군가?"

평소 연예계 소식에 무지한 주저브 경감이 옆에 있던 포터 형사에게 물었다.

"경감님! 제니타 레일을 모르세요? 요즘 한창 인기를 올리고 있는 여가수잖아요! 이번에 무인도 하나를 통째로 빌려서 'Only you'란 공연을 한다던데요. 춤이 하도 격렬해서 백댄서도 80명이나 데려갔대요. 백댄서들이 매일 12명씩 돌아가면서 막춤을 춘다나 뭐라나."

포터 형사가 주저브 경감 방의 책장에 서류뭉치를 꽂으며 말했다.

"이런 공연장엘 왜 가는지. 그리고 단 한 명만을 위한 공연? 돈 좀 있는 놈들이 가겠군!"

주저브 경감은 신문을 접어 옆으로 휙 던지며 사무실 밖으로 나가 버렸다. 포터 형사는 주저브 경감이 사라진 문을 멍하니 바라봤다.

다음 날, 한동안 잠잠하던 로고스 경찰서가 다시 분주해졌다. 포터 형사의 얼굴엔 당황한 표정이 역력했다. 그는 쉴 새 없이 주저브 경감의 사무실과 화장실을 들락거리며 안절부절하지 못했다. 그때 매키가 경찰서 안으로 들어왔다.

"포터 아저씨! 뭐하세요?"

매키가 화장실 문에 머리를 밀어 넣고 있는 포터 형사에게 다가갔다. 화장실 문에서 머리를 뺀 포터 형사는 매키를 발견하자 사막에서 오아시스를 발견한 사람처럼 생기를 되찾았다.

"매키!"

포터 형사는 매키를 부여잡았다.

"무슨 일이에요?"

"심각한 일이야!"

포터 형사의 얼굴은 다시 굳어졌다.

"무인도에서 공연 중이던 제니타가 사라졌어!"

"뭐라고요?!"

매키의 표정도 점점 어두워졌다.

"주저브 아저씨는요?"

"연수받으러 가셨어. 내일까지는 안 계실 거야. 일단, 우리가 먼저 그 무인도에 가서 증거부터 수집해 놓는 수밖에!"

매키와 포터 형사는 급하게 경찰 헬리콥터에 올라탔다. 제니타가 공연하고 있는 무인도는 외로브 섬에서 15km 정도 떨어진 곳에 있는 섬으로, 로고스 경찰서에서는 헬리콥터로 30분 되는 거리에 있었다. 매키와 포터 형사가 섬에 도착하자 제니타의 매니저가 급하게 달려왔다.

"어서 오십시오!"

"저는 포터 형사입니다. 일단 사건 경위부터 말씀해 주시죠!"

포터 형사는 주머니에서 재빠르게 수첩을 꺼내 들었다. 제니타의 매니저는 애써 침착하려 하며 조심스럽게 입을 열었다.

"아시다시피 저희는 무인도로 매일 한 명씩 특별 손님을 초대하기로 했습니다. 주로 각국의 왕자나 세계적인 부자들이지요. 우선 우리는 100명의 명단을 뽑아 놓았어요."

"제니타 양이 오늘 공연을 마치고 사라졌지요?"

"네."

"그렇다면 오늘 초청된 사람은 누군가요?"

"그게……."

매니저는 말을 잇지 못했다.

"오늘 초청된 사람을 모르나요?"

포터 형사가 다시 물었다.

"요즘 매일 똑같은 공연을 하고 있고, 이곳이 무인도라 제니타 양의 신변을 보호할 필요도 없어서 최근 며칠 동안은 공연장에 가 본 적도 없었습니다. 하지만 백댄서들이 돌아가면서 출연하니까 그들에게 물어보면 알 수 있을지도 모르겠습니다."

포터 형사와 매키는 백댄서들이 모여 있는 곳으로 갔다. 80명의 백댄서들의 옷에는 1번부터 80번까지의 수가 쓰여 있었다. 그들은 첫날에는 1번부터 12번이, 그 다음 날에는 13번부터 24번이, 그 다음 날에는 25번부터 36번이 백댄서로 활동했다.

"오늘 공연한 팀이 누구죠?"

포터 형사는 백댄서들을 둘러보며 물었다.

"오늘은 1번부터 12번까지의 백댄서가 공연했습니다."

1번이 새겨진 백댄서가 대답했다.

"가만, 오늘이 첫날이 아닐 텐데, 어떻게 그렇게 되지요?"

포터 형사가 물었다.

"아저씨! 12명씩 공연하다 보면 언젠가는 이렇게 1번부터 12번까지 다시 공연하게 될 수 있어요."

매키가 빙그레 웃으며 말했다.

"백댄서 아저씨! 이번이 첫날에 같이 공연하고 몇 번째 다시 같이 공연하는 거죠?"

매키가 1번 백댄서에게 물었다.

"첫날 우리 열두 명이 춤을 췄지요. 그리고 오늘이 두 번째예요."

"그게 왜 궁금하지?"

포터 형사가 잘 이해가 되지 않는 듯 고개를 갸우뚱거리며 물었다.

"아마도 제니타를 납치한 범인은 오늘 초청된 사람일 거예요. 매니저 아저씨, 100명의 명단을 보여 주세요."

매니저는 사무실로 들어가 100명의 초청자 명단이 적혀 있는 노트를 가지고 왔다. 100명의 초청자 명단은 초청 순서가 일련번호로 적혀 있었다. 그러자 매키의 눈이 반짝거리기 시작했다.

"찾았어요!"

매키가 쩌렁쩌렁한 목소리로 말했다.

제니퍼가 납치된 날 초청된 사람은 누구일까?

1) 6번 초청자인 태국 황태자 사이마이

2) 21번 초청자인 토고 왕 찰스라트라

3) 40번 초청자인 미국의 자동차 재벌 카네기멜론

수학으로 범인 찾기

 범인은 21번 초청자인 토고 왕 찰스라트라예요!

 어째서 21번 초청자이지? 12명씩 돌아가고 전체 백댄서 수는 80명이니까 12나 80이 답이 되어야 하는 거 아닌가?

 그렇게 간단한 문제가 아니에요. 이건 최소 공배수를 이용하는 문제예요.

 어떻게?

 12과 80의 최소 공배수는 뭐죠?

 그야 240이지.

 240을 12로 나누면요?

🧓 20.

👨 그러니까 첫 공연이 시작되고 20일 후, 즉 21번째 공연에는 다시 1번부터 12번까지 춤을 추죠.

🧓 잘 이해가 안 되는군!

👨 그럼 작은 수로 설명해 드릴게요. 예를 들어 백댄서가 5명인데 매일 4명씩 번호순으로 공연한다고 하죠. 그럼 다음과 같이 될 거예요.

첫날: 1, 2, 3, 4

1일 후: 5, 1, 2, 3

2일 후: 4, 5, 1, 2

3일 후: 3, 4, 5, 1

4일 후: 2, 3, 4, 5

5일 후: 1, 2, 3, 4

 5일 후에 다시 1, 2, 3, 4가 만나는군!

 그래요. 5와 4의 최소 공배수는 뭐죠?

 20.

20를 4로 나누면요?

 5

 그러니까 5일 후에 다시 만나는 거죠.

 정말 신기하군!

최대 공약수와 최소 공배수

공약수에 대한 공부를 해 볼까요? 12의 약수를 써 보세요.

1, 2, 3, 4, 6, 12

이번에는 18의 약수를 모두 써 보세요.

1, 2, 3, 6, 9, 18

12의 약수이면서 동시에 18의 약수인 수를 골라 봐요. 다음과 같죠?

1, 2, 3, 6

이것을 두 수 12와 18의 공약수라고 불러요. 그리고 그중에서 가장 큰 수를 최대 공약수라고 부르죠. 가장 큰 수는 6이죠? 그러니까 12와 18의 최대 공약수는 6이죠. 어라! 그런데 두 수의 공약수가 두 수의 최대 공약수의 약수들이군요. 이건 아주 중요한 성질이지요.

★ 두 개 이상의 자연수의 공통인 약수를 공약수라고 하고 그중 가장 큰 수를 최대 공약수라고 부른다.

★ 두 자연수의 공약수는 최대 공약수의 약수이다.

이번에는 공배수에 대해 알아볼까요? 3의 배수를 모두 써 보면 다음과 같죠?

3, 6, 9, 12, 15…

이번에는 4의 배수를 모두 써 봐요.

4, 8, 12, 16, 20, 24…

여기서 3의 배수이면서 동시에 4의 배수인 것을 골라내 봐요.

12, 24, 36…

이것을 3과 4의 공배수라고 불러요. 공배수들 중에서 제일 작은 수는 12이죠? 이 수를 최소 공배수라고 불러요. 어라! 그런데 두 수의 공배수는 바로 최소 공배수의 배수들이군요! 이건 아주 중요한 성질이죠.

★ 두 개 이상의 자연수의 배수들 중에서 공통인 수를 공배수라고 하고, 그중 가장 작은 수를 최소 공배수라고 부른다.
★ 두 자연수의 공배수는 최소 공배수의 배수이다.

DeCaLuXiV
-로마수

'DeCa coffee shop'의 한구석에 60대 초반의 백발 남자와 20대의 젊은 남자가 마주 앉아 있었다. 백발 남자는 불안한 듯 계속 주위를 살폈다.

"리어, 누군가 자꾸 내 주위를 서성이고 있는 것 같아."

백발 남자가 말했다.

"설마요. 토로 박사님, 요즘 너무 무리하신 것 같아요. 이제 조금 휴식을 취하시는 게……."

"뭐? 자네 지금 나를 정신병자 취급하는 건가!"

"그, 그게 아니라……."

"주문하신 커피 나왔습니다. 토로 박사님, 안색이 안 좋으세요. 무슨 일이라도 있으세요?"

때마침 'DeCa coffee shop'의 여주인 무아젤이 등장해 둘

사이의 냉전을 진정시켰다. 무아젤은 진심 어린 표정으로 토로 박사를 걱정하고 있었다.

"아니야……. 무아젤, 내가 요즘 너무 예민해졌나 봐. 미안하네. 리어."

"아닙니다, 박사님. 석 달 동안이나 계속되는 세미나를 준비하셨는데 심신이 지치지 않을 수 없죠."

"그래, 자네 말대로 내가 좀 피곤했던 것 같군."

토로 박사는 자신의 근심걱정이 누적된 피로 때문에 생긴 것이라고 결론지었다. 그러고는 두 사람과 기분 좋은 시간을 가지고 숙소로 돌아갔다.

그리고 며칠 후 토로 박사가 갑자기 사라졌다. 사건을 맡은 주저브 경감은 리어를 찾아갔다.

"토로 박사님을 마지막으로 본 시간이 언제죠?"

주저브 경감은 수첩을 꺼내 들고 리어에게 물었다.

"그게……. 어제저녁 8시쯤이었죠. 'DeCa coffee shop'에서 마지막으로 박사님을 만났습니다."

"단둘이?"

"아니요. 'DeCa coffee shop'의 여사장인 무아젤도 함께 있었죠."

주저브 경감은 재빠르게 새로운 정보를 수첩에 기록했다.

"요즘 토로 박사님에게 다른 이상한 점은 없었습니까?"

"아, 한 가지가 있긴 했어요!"

"뭡니까?!"

"박사님은 요즘 계속 누군가 자신을 살펴보고 있다고 말씀하셨어요. 저는 박사님의 신경이 쇠약해지신 거라고만 생각했죠. 설마 진짜 그런 일이 있었던 건 아니겠죠?"

리어는 잔뜩 겁을 집어먹은 표정이었다.

"흠……. 그건 차차 수사해 보면 알게 되겠죠. 알겠습니다. 수사에 협조해 주셔서 감사합니다."

주저브 경감은 토로 박사의 숙소를 빠져나와 'DeCa coffee shop'으로 갔다.

"토로 박사님을 마지막으로 본 게 언제죠?"

"그게……. 어제저녁 8시쯤일 거예요. 665호에 사는 리어와 함께 저쪽 창가 자리에 앉아 있었죠."

무아젤의 대답은 리어의 대답과 일치했다. 무아젤은 젊고

아름다운 여인이었다. 자신의 금발 머리를 쓸어 올리는 그녀의 손가락에서 백색의 다이아몬드 반지가 반짝이고 있었다.

"토로 박사님에게 뭔가 이상한 점은 없었나요?"

"글쎄요……. 아! 며칠 전에 박사님이 515호에 사는 앙드레라는 사람과 다투는 걸 봤어요!"

"그래요? 무슨 일 때문에 다투었습니까?"

"앙드레가 베란다에 있는 망원경으로 토로 박사님의 방을 훔쳐보았나 봐요."

"음……."

주저브 경감은 확실한 단서를 잡은 듯했다.

"경감님!"

포터 형사가 주저브 경감에게 달려왔.

"토로 박사님의 숙소를 조사하던 중, 토로 박사님의 일기장을 발견했습니다. 그런데 이상한 점은 어제 날짜의 일기에 알 수 없는 말이 적혀 있다는 것입니다."

주저브 경감은 일기장을 펼쳐 보았다.

두렵다. DeCaLuXiV

"데카루시브? 이게 무슨 말이지?"

주저브 경감은 도통 이해되지 않는 표정이었다.

"간단하군요! 범인은 리어, 앙드레, 무아젤 중의 한 명입니다."

때마침 거리를 지나가던 매키가 주저브 경감을 발견하고 달려와 말했다.

"그럼, 누가 범인이지?"

"저는 범인을 알고 있어요. 주저브 아저씨가 맞혀 보세요."

과연 매키는 누구를 범인으로 지목했을까?

1) 리어: 토로 박사의 수제자

2) 앙드레: 토로 박사의 라이벌

3) 무아젤: 'DeCa coffee shop'의 주인

 수학으로 범인 찾기

 범인은 리어입니다!

 어째서 리어가 범인이라는 거지?

 'DeCaLuXiV'는 665를 나타내요.

 그건 왜지?

 이 암호에서 소문자들을 모두 없애 봐요.

 DCLXV

 이건 바로 로마수를 나타내지요.

로마수?

 네, 로마인들이 만든 수예요. D는 500을 C는 100을 L은 50을 X는 10을 V는 5를 나타내니까 DCLXV는 '500+100+50+10+5=665'를 나타내지요. 즉, 665호에 사는 리어가 범인임을 암시한 암호지요.

 그렇군! 당장 리어를 잡으러 가야겠어.

로마수는 로마인들이 만든 수예요.

로마수

로마숫자로 1, 2, 3을 나타내면 다음과 같지요.

$$1=I,\ 2=II,\ 3=III$$

4는 어떻게 나타낼까요? 4는 IIII으로 나타낼 것 같지요? 하지만 로마 사람들은 IIII으로 나타내면 I를 너무 많이 사용하기 때문에 귀찮아 했습니다. 그래서 그들은 5를 나타내는 새로운 숫자를 만들었지요. 그것은 다음과 같죠.

$$5=V$$

로마 사람들은 4는 5보다 작은 수이므로 1을 나타내는 기호 I를 5를 나타내는 기호 V 앞에 써서 나타냈습니다. 그러므로 다음과 같죠.

$$4=IV$$

이렇게 큰 수를 나타내는 기호 앞에 쓰여 있는 작은 수를 나타내는 기호는 뒤의 수에서 앞의 수를 빼는 것을 나타냅니다.

반면에 큰 수를 나타내는 기호 다음에 쓰인 작은 수는 두 수를 더하는 것으로 약속하지요. 그러므로 6, 7, 8은 다음과 같습니다.

$$6=VI, 7=VII, 8=VIII$$

9를 쓸 때도 로마 사람들은 10을 나타내는 기호를 먼저 정했습니다. 10은 다음과 같습니다.

$$10=X$$

그렇다면 9는 10에서 1을 뺀 수이므로 다음과 같이 나타내면 되지요.

$$9 = IX$$

로마숫자로 큰 수를 나타낼 때는 어떻게 할까요?
같은 방법으로 하면 되죠. 50, 100, 500, 1,000은 다음과 같이 나타내지요.

$$L=50,\ C=100,\ D=500,\ M=1,000$$

10은 X, 20은 XX, 30은 XXX이므로 40은 50에서 10을 뺀 수이니까 XL이 되지요. 그럼 60은 LX, 70은 LXX, 80은 LXXX이고 90은 100에서 10을 뺀 수이니까 XC가 되지요.

또 CD는 C가 100이고 D는 500이니까 CD는 500에서 100을 뺀 수인 400을 나타내죠.

또한 CMXCIX는 CM이 1,000에서 100을 뺀 수이니까 900이고, XC는 100에서 10을 뺀 수이니까 90이고, IX는 9이니까 999가 되지요.

로마숫자가 신기하죠?

엉덩이로 가라
(GO TO HIP)

-암호

　　이른 아침, 잠에서 덜 깬 매키는 컴퓨터 앞에 앉았다. 밤새 무슨 사건이라도 터졌나 하고 이메일을 검색하던 중 비밀쪽지 하나가 '띵~동' 하며 컴퓨터 창에 떴다. 의뢰인이 은밀히 사건을 처리하고 싶어 비밀쪽지를 보낸 것이 분명했다. 사건을 크게 벌이기 싫어하는 의원들이나 귀족들은 이렇게 비밀스러운 이메일을 보내 매키에게 사건을 청탁하곤 했다. 매키는 조심스럽게 이메일을 열어 보았다. 사건을 의뢰한 사람은 엘자르 컴퓨터 회사의 대표인 뱰이었다.
　　"뱰이……?"
　　컴퓨터 창을 뚫어지게 바라보는 매키의 몸은 조금씩 떨리기 시작했다. 뱰은 매키를 아주 좋아했는데 둘의 첫 만남은 좀 특이했다. 3년 전 매키는 주저브 경감과 함께 가면귀족파티에 초대받게 되었고, 어쩔 수 없이 참석하게 된 매키는 허영뿐인 귀족파티의 꼭두각시노름이 싫어 몰래 파티장의 쥐구멍으로 빠져 나왔다.

"욱! 이게 뭐야? 밥상머리 앞에 어디서 화장실을 들이밀어~!"

"뒤따라 오는 네가 잘못이지 뭐! 통로가 좁아서 가뜩이나 신경 쓰이는데 나의 따발총 방귀 맛을 좀 봐야 정신 차리겠냐? 크크!"

매키는 천재 게임 프로그래머인 밸의 엉덩이에 이렇게 인사하게 됐고, 생각이 같았던 둘은 귀족파티의 허영을 껌처럼 씹어 가며 친해졌던 것이다.

'매키! 날 좀 도와줘! 우리 회사 사안이 걸린 문제야! 내가 1년 전부터 진행해 오던 프로젝트가 산업스파이에 의해 빼돌려지고 있어! 누군지 의심은 가지만 물증이 없어! 만약 이 프로젝트가 스파이들 손에 모두 넘어가는 순간 난 아주 끝장이야! 내가 지금까지 노력해 세운 엘자르 컴퓨터 회사도 그 길로 물거품이 되

고 말아……. 매키! 네 도움이 꼭 필요해! 산업스파이를 잡을 수 있게 꼭 좀 도와줘!'

매키는 이메일을 읽으면서 이제까지 성실하게 노력해 온 밸의 땀방울을 느낄 수 있었다. 밸은 랍비 귀족의 외아들로 대를 이어 랍비 성주가 되어 대단한 유산을 상속받을 수 있었으나 허영덩어리 귀족 생활을 포기하고 자신이 좋아하는 컴퓨터 게임을 발명하며 혼자 힘으로 컴퓨터 회사를 크게 일으킨 사나이였다. 그러기에 그의 땀방울과 주위 귀족들의 손가락질을 생각하면 가만있을 수만은 없었다. 매키는 아침도 먹는 둥 마는 둥 하고 주저브 경감과 함께 밸의 엘자르 컴퓨터 회사로 갔다.

밸이 지목한 유력한 용의자는 엘자르 컴퓨터 회사의 소프트웨어 부서에서 일하는 라이닝 대리였다. 매키는 라이닝 대리를 조용히 관찰하기 시작했다. 라이닝 대리는 만년 대리 직책으로 하루하루를 보내고 있었으며, 바가지 머리에 허리를 구부정하게 구부리고 바짓단을 유난히 짧게 하고 다니는 볼품없어 보이는 모습이었다. 야심이라곤 눈 씻고 찾아봐도 없어 보였고, 그저 주는 월급을 받으며 자리만 축내고 있는 듯 보였다. 정말이지 라이닝 대리에게는 산업스파이의 시옷 자도 찾아보기 어려웠다. 매키는 라이닝 대리를 직접 조사해 보기로 했다.

"라이닝 대리, 컴퓨터 바이러스 검사 때문에 온 기사입니다. 잠시 이메일 좀 열어 주시겠습니까?"

매키는 서비스 센터에서 나온 직원으로 위장해 라이닝 대리에게 접근했다.

"예? 왜 그러세요? 제 컴퓨터는 아무 이상이 없어요……."

라이닝 대리는 천천히 자신의 이메일 아이디를 두드리기 시작했다. 그러나 라이닝 대리는 비밀번호를 치기만 하면 열리는 이메일 앞에서 컴퓨터 자판에 놓인 손을 멈칫했다.

"음, 그게…… 잘 기억이 안 나는데……."

잠깐! 아주 잠깐이었다. 라이닝 대리의 눈빛이 갑자기 달라지더니 역시나 어눌하게 머뭇거리며 당황했다. 심리전을 교묘히 빠져나가는 소리가 매키의 귓가까지 들려왔다.

"라이닝 대리! 수사 때문에 그러니 이메일을 당장 열어봐 주세요."

성질 급하고 표준수사방식을 고집하는 주저브 경감은 답답한 마음에 라이닝 대리를 다그쳤다. 그러면 그럴수록 그는 빠져나갈 궁리만 하며 이메일의 비밀번호를 모른다고 시치미를 뚝 뗐다. 매키는 조그마한 단서라도 찾기 위해 이메일의 비밀번호 힌트를 클릭해 보았다. 이메일만 볼 수 있다면 사건은 금방 해결될 수 있기 때문이었다.

GO TO HIP

"엥, 뭐라고? 엉덩이로 가라고? 도대체 그게 무슨 말이야? 라이닝 대리, 엉덩이를 보여 주세요."

주저브 경감은 난데없이 사무실 한쪽에서 라이닝 대리의 바지를 내리려고 했다.

"예? 안 돼요~. 지금 여기서요? 정말 경찰이면 이래도 되는 겁니까?"

슬슬 뒷걸음치며 달아나려던 라이닝 대리는 주저브 경감에게 딱 걸려 질질 사무실 구석으로 끌려갔다. 그 사이를 틈타 매키는 라이닝 대리의 책상 서랍을 뒤지기 시작했고, 그의 수첩에 쓰여진 의심스러운 글을 발견하게 되었다.

NPGDTCBKHL

그러더니 매키가 갑자기 소리쳤다.
"비밀번호를 알아냈어요!"

라이닝 대리의 비밀번호는 몇 번일까?

1) 0804(라이닝 대리의 생일)

2) 0125(라이닝 대리 아내의 생일)

3) 2481(잘 가는 단골 음식점 전화번호)

 수학으로 범인 찾기

 비밀번호는 2481입니다!

 왜 비밀번호가 2481이지?

 암호를 풀면 돼요.

 암호가 두 개잖아?

 그렇죠. 다음과 같죠.

GO TO HIP

NPGDTCBKHL

위의 것은 알겠는데, 아래의 것은 도무지 알 수가 없어.

 아래쪽의 단어는 모두 몇 개죠?

 가만, 10개군!

 바로 그게 열쇠예요. 즉 NPGDTCBKHL의 10개의 알파벳은 0부터 9까지의 수에 대응되지요.

N P G D T C B K H L
0 1 2 3 4 5 6 7 8 9

 그럼 GO TO HIP은 뭐지? 그리고 O와 I에 대응되는 수는 없잖아?

 모음은 필요 없어요. 문장을 만들려고 억지로 집어넣은 거지요. 그러니까 GO TO HIP에서 모음을 모두 없애면 GTHP가 되잖아요? 여기서 G는 2, T는 4, H는 8, P는 1을 나타내니까 비밀번호는 바로 2481이 되는 거죠.

 정말 놀랍군. 놀라워!

암호 이야기

시저 암호는 실제로 시저가 브루투스에게 암살될 것을 걱정해서 사용했던 암호입니다. 이 암호는 영어의 알파벳에서 세 개의 철자씩 뒤로 물려서 쓰며 만듭니다. 즉, 원래 문장의 A는 암호문의 D가 되고, B는 E가 되고, C는 F가 되는 식이죠. 예를 들어 다음 암호문을 보죠.

ABCDEFGHIJKLMNOPQRSTUVWXYZ

QHYHUWUXVWEUXWXV

Q는 세 칸 앞의 철자인 N이 되고, H는 E가 되는 식이니까 이 암호문을 풀면

NEVERTRUSTBRUTUS

가 되고 띄어쓰기를 하면

NEVER TRUST BRUTUS

가 되어 '브루투스를 믿지 마세요'라는 뜻이 됩니다.

또 다른 암호문을 보죠.

HTDAOUYRWPOESIU!

이 글자들을 정사각형으로 배열하면

H T D A
O U Y R
W P O E
S I U !

가 되는데 이것을 세로 방향으로 읽어 내려가면

HOWSTUPIDYOUARE!

가 되고 이것을 띄어쓰기를 하면

HOW STUPID YOU ARE!(넌 참 어리석군!)

이 됩니다.

다양한 암호를 풀다 보면 수학의 규칙이 보여요!

탐구노트 쓰기

탐구노트를 잘 쓰는 법!

많은 학교와 학원에서 탐구노트의 중요성에 대해 말합니다. 그러나 탐구노트는 반드시 오답노트와 정리노트와는 달라야 합니다. 소크라테스와의 대화를 통해 자신의 오류를 깨닫고 새로운 질문을 만들어내서 생각과 지식의 폭을 넓히듯이, 우리도 책을 통해 알게 된 지식들을 선생님과의 대화를 통해 수정하고 자신만의 지식을 확장할 수 있는 문제를 만들어 탐구하는 장, 그것이 바로 수학탐구노트입니다.

탐구노트는 책을 읽고 스스로 탐구주제를 정하고 탐구하기 위해 쓰는 것인데, 탐구노트를 어느 정도 잘 쓰기 위해서는 2년 정도 주제탐구를 하는 연습이 필요합니다. 여러분이 책을 읽고 자신의 생각을 글로 표현하기 위해서는, 특히 그것이 논리적 글쓰기라면 더욱더 연습이 필요합니다.

탐구노트를 잘 쓰기 위해서는 주제에 맞는 탐구노트를 쓰는 것이 중요합니다. 어린이 여러분은 글을 쓸 때, 자신의 생각을 적는 것을 좋아해서 "이럴 것 같다"라는 말로 마무리 짓는 경향이 있습니다.

그러나 탐구노트는 탐구주제에 대한 자신의 생각을 자료조사, 검증, 증명 등의 수단을 통해 결과를 정리하는 것이 더 중요합니다. 어린이들의 호기심은 무한하지만, 그 호기심이 단순히 '이럴 것 같다', '왜 그럴지?'라는 생각으로만 끝난다면 의미가 없기 때문입니다. 그리고 이런 과정은 혼자서 여러 번 쓰는 것보다 잘 쓰여진 친구들의 탐구노트를 읽어보거나 선생님의 피드백을 통해 성장하는 과정이 필요합니다.

버려야 할 생각

① 탐구노트에 그날 배운 수학 내용이나 수학동화를 읽고 느낀 점, 기억하는 내용을 정리해야 한다는 생각은 버립니다.
② 꼭 답을 내야 한다는 생각은 버립니다.
③ 꼭 푼 문제의 답을 맞혀야 한다는 생각은 버립니다.
④ 보통의 탐구노트처럼 한두 쪽만 써야 한다는 생각은 버립니다.

가져야 할 생각

① 오늘 배운 내용이 반드시 그렇지 않다면, 다른 방법은 없을까?

② 오늘 배운 내용이 이렇다면, 그 다음에 이것보다 한 차원 높은 단계는 뭘까?

③ 책에서 이런 글의 내용을 읽었는데, 왜 그렇게 되지?

④ 오늘 배운 내용에 의하면 이런데, 이것을 다른 문제를 풀 때도 적용할 수 있을까?

⑤ 이런 수학적 원리와 개념은 우리 일상생활에서 뭐가 있지?

탐구노트에 쓰지 말아야 하는 용어

① 다음에 꼭 알아봐야겠다. → 오늘 알아봅시다.

② 이러이러한 것들이 궁금하다.

→ 그런 궁금한 것들을 연구하는 것이 탐구노트입니다.

③ 어려웠다, 쉬웠다, 힘들었다, 보람되었다 등의 감정을 담은 내용

→ "이것으로 오늘 탐구를 마무리한다"로 끝을 맺어 봅시다.

④ 선생님께 여쭤봐야겠다.

→ 스스로 찾아보고 정리한 후 선생님께 확인을 부탁드리면 어떨까요? 세상을 바꾼 수학자들은 항상 스스로 탐구하기를 좋아했습니다.

이제까지 읽은 이야기가 재미있었나요? 이 책에 나오는 문제들을 풀려면 수학적으로 사고해야 합니다. 다음의 질문들을 곰곰이 생각해 보며 탐구노트를 써 보세요.

1. 대칭수에 대해 탐구해 봅시다.

(1) 대칭수인 여러 자릿수의 수를 적어 보고 대칭수에 대해 설명해 봅시다.

(2) 자릿수가 늘어날 때 대칭수의 개수 변화를 조사해 봅시다.

(3) 개수의 변화를 자세히 살펴보고 규칙성을 찾아보세요.

(4) 자릿수에 변화에 따른 대칭수의 규칙을 찾았다면, 자신만의 표현법으로 규칙을 표현해 보고, 스스로 아주 큰 자릿수를 정해서 대칭수의 총 개수를 구해 봅시다.

2. 배수 판정법에 대해 탐구해 봅시다.

(1) 2부터 9까지의 배수를 판정하는 방법을 간단히 정리해 봅시다.

(2) 4, 5, 8의 배수를 판정하는 방법을 각각 증명해 봅시다.

(3) 3, 9의 배수를 판정하는 방법을 각각 증명해 봅시다.

(4) 임의의 큰 수를 적고 그 수가 어떤 수의 배수인지 알아봅시다.

3. 완전수, 과잉수, 부족수에 대해 탐구해 봅시다.

(1) 완전수, 과잉수, 부족수에 대해 설명해 봅시다.

(2) 완전수, 과잉수, 부족수에 대해 예를 들어 설명해 봅시다.

(3) 28이 완전수가 됨을 설명해 봅시다.

친구들이 쓴 탐구노트를 살펴볼까요?

탐구노트 예시

1. 대칭수에 대해 탐구해 봅시다.

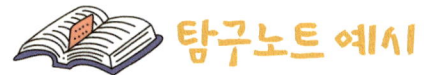

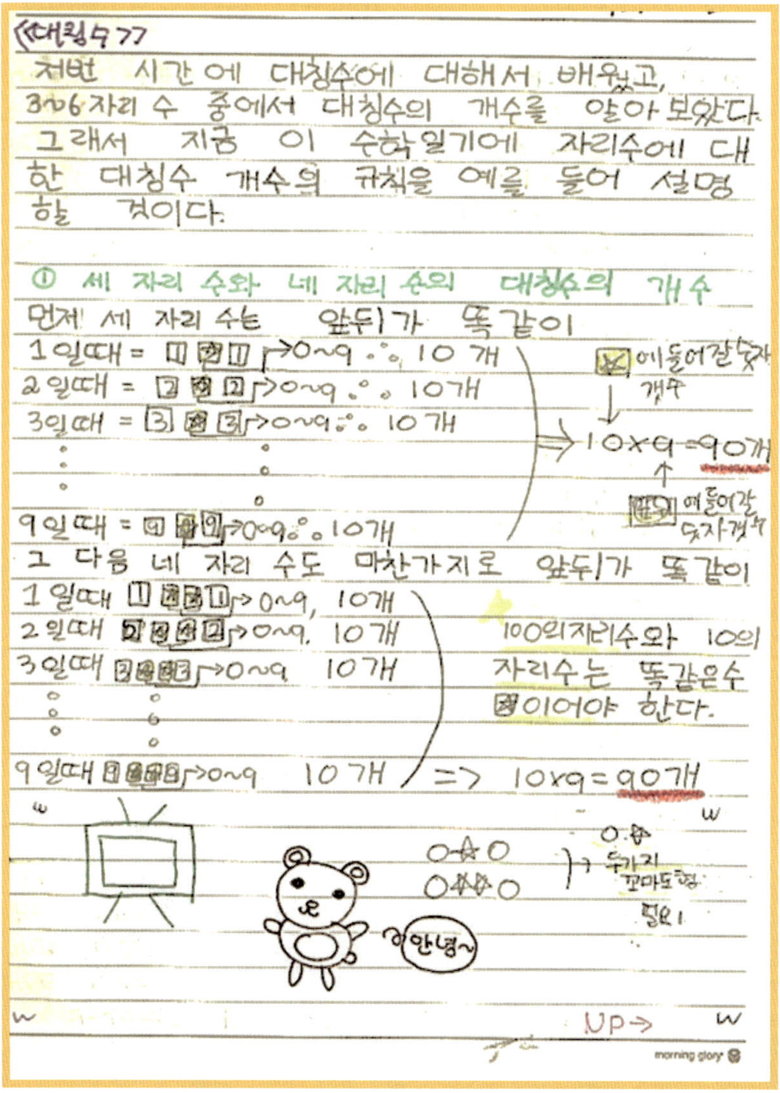

《대칭수》

저번 시간에 대칭수에 대해서 배웠고, 3~6자리 수 중에서 대칭수의 개수를 알아보았다. 그래서 지금 이 수학일기에 자리수에 대한 대칭수 개수의 규칙을 예를 들어 설명할 것이다.

① 세 자리 수와 네 자리 수의 대칭수의 개수

먼저 세 자리 수는 앞뒤가 똑같이

1일때 = [1][ ][1] → 0~9 ∴ 10개
2일때 = [2][ ][2] → 0~9 ∴ 10개
3일때 = [3][ ][3] → 0~9 ∴ 10개
⋮
9일때 = [9][ ][9] → 0~9 ∴ 10개

[ ]에 들어갈 숫자 개수 ↓
⇒ 10×9=90개
↑ [1~9]에 들어갈 숫자 개수

그 다음 네 자리 수도 마찬가지로 앞뒤가 똑같이

1일때 [1][ ][ ][1] → 0~9, 10개
2일때 [2][ ][ ][2] → 0~9, 10개
3일때 [3][ ][ ][3] → 0~9 10개
⋮
9일때 [9][ ][ ][9] → 0~9 10개 ⇒ 10×9=90개

100의 자리수와 10의 자리수는 똑같은 수 이어야 한다.

② 다섯자리 수와 여섯 자리 수의 대칭수 개수
먼저 다섯 자리 수는
△○☆○△ 의 형태로 △,○,☆의 들어갈수 있는 숫자는
△: 1~9 = 9개
○: 0~9 = 10개 ⇒ 9×10×10 = 900개 가 된다.
☆: 0~9 = 10개

여섯 자리도 마찬가지로
△○☆☆○△ 의 형태로 △,○,☆의 들어갈 수 있는 숫자는
△: 1~9 = 9개
○: 0~9 = 10개 ⇒ 9×10×10 = 900개가 된다.
☆: 0~9 = 10개

③ 7,8 자리 수와 9,10 자리 수는 어떨까?
①번 과 ②번에서 유추해본 결과,
7,8 자리 대칭수를 만들려면 △,○,☆,◇ 에 들어가야 할 수들의 개수가 (4가지 꼬마도형)
△: 1~9 = 9개
○: 0~9 = 10개
☆: 0~9 = 10개 ⇒ 9×10×10×10 = 9000개
◇: 0~9 = 10개

9,10자리는 그러면 꼬마도형이 5가지가 필요하게 되므로
9×10×10×10×10 = 90000 개이다.
△○☆◇⊕

드디어 규칙을 찾아냈다. 3,4 자리는   꼬마도형이 2개
                    5,6 자리는   꼬마도형이 3개
                    7,8 자리는   꼬마도형이 4개
                    9,10자리는   꼬마도형이 5개

$n-1, n$ 자리는 꼬마도형이 $n \div 2$개 필요하다.

∴ $n-1$ 또는 n 자리의 대칭수의 개수는 (n은 4이상 짝수)
$\underbrace{9 \times 10 \times 10 \times \cdots \times 10}$ 개이다.

10을 $(n \div 2) - 1$ 번 거듭 곱한다.

ex. 2014 자리수 중 만들수 있는 대칭수의 총개수는?

$\underbrace{9 \times 10 \times 10 \times \cdots \times 10} = 9 \times 10^{1006}$ 개이다.

$2014 \div 2 - 1$
$= 1007 - 1$
$= 1006$ 번

UP →

 대칭수(palindromic number)는 순서대로 읽은 수와 거꾸로 읽은 수가 같은 수를 말해. 예를 들어 363, 7887과 같은 수들이 대칭수야. 최근에 인기가 많았던 TV 드라마인 '이상한 변호사 우영우'의 '우영우'는 대칭수의 규칙을 가지고 있는 단어야. 토마토, 기러기, 스위스, 별똥별, 일요일, 역삼역과 같은 단어들이 여기에 속해. 네가 작성한 탐구노트를 보니, 세 자릿수부터 열 자릿수의 대칭수 개수를 정말 잘 구했구나. 선생님이 이것을 간단히 도표로 그려 보면 이렇게 나타낼 수 있어.

한 자릿수	두 자릿수	세 자릿수
□ 9가지 (1-9)	□□ 9가지 (1-9)	□□□ (0-9) 10가지 9가지 (1-9)
9가지	9가지	9 × 10 = 90

네 자릿수	다섯 자릿수	여섯 자릿수
□□□□ (0-9) 10가지 9가지 (1-9)	□□□□□ (0-9) 10가지 10가지 (0-9) 9가지 (1-9)	□□□□□□ (0-9) 10가지 10가지 (0-9) 9가지 (1-9)
9 × 10 = 90	9 × 10 × 10 = 900	9 × 10 × 10 = 900

그리고 각 자릿수마다 대칭수의 개수를 구하는 방법은 다음과 같아.

자릿수	대칭수의 개수	계산 과정	곱해지는 10의 개수
한 자릿수, 두 자릿수	9	9×1	0
세 자릿수, 네 자릿수	90	9×10	$1 \leftarrow (4 \div 2)-1$
다섯 자릿수, 여섯 자릿수	900	$9 \times 10 \times 10$	$2 \leftarrow (6 \div 2)-1$
일곱 자릿수, 여덟 자릿수	9,000	$9 \times 10 \times 10 \times 10$	$3 \leftarrow (8 \div 2)-1$
아홉 자릿수, 열 자릿수	90,000	$9 \times 10 \times 10 \times 10 \times 10$	$4 \leftarrow (10 \div 2)-1$

그리고 네가 찾은 규칙은 정말 놀라워. 먼저, 대칭수가 두 자릿수씩 같게 나오는 것을 찾아내서 $n-1$, n으로 표현하고, 대칭수의 규칙을 찾았구나. 결론은 n번째(n은 4 이상의 짝수) 자릿수의 대칭수는 9에 각 자릿수의 반에서 1을 뺀 수만큼 10을 곱하면 된다는 거야.

어때? 우리가 그냥 지나갈 수 있는 수도 나열해 보니 신기하게도 규칙을 발견할 수 있지? 너도 그 규칙을 정말 잘 찾았구나. 이제 길을 걷다가 자동차의 번호판만 봐도 대칭수가 생각날 것 같아. 이참에 우리 집 현관문의 비밀번호를 대칭수로 만들어 보면 어떨까?

2. 배수 판정법에 대해 탐구해 봅시다.

☐ 2021년 7월 24일 토요일

나는 피타고라스 구출작전책을 읽었다. 이번 수업 시간 때, 10의 배수, 100의 배수, 1000의 배수가 되려면 수가 어때야 하는지 배웠다. 그리고, 2, 4, 8, 5, 3, 9, 6의 배수 판정법을 하는 방법도 배웠다.

〈배수판정법 연구〉 〈10을 이용〉

(1) 2의 배수 판정법: 마지막 한 자리 수가 2의 배수면 전체 수가 2의 배수이다.

3의 배수 판정법: ☐×1000을 ☐×999+☐로 표시하고, △×100을 △×99+△로도 표시하고, ○×10을 ○×9+1로 표시한다. 그리고, 나머지들을 일의 자리와 합한 다음, 나온 수가 3의 배수인지 확인한다. 나온 수가 3의 배수이면 전체 수가 3의 배수이다.

4의 배수 판정법: 마지막 두 자리 수가 4의 배수이면 전체 수가 4의 배수이다.
〈100을 이용〉↑

5의 배수 판정법: 마지막 한 자리 수가 5나 0이면 전체가 5의 배수이다.
6의 배수 판정법: 전체가 2의 배수이고, 3의 배수이면 6의 배수이다. (3×2=6이라서.)
8의 배수 판정법: 마지막 세 자리수가 8의 배수이면 전체가 8의 배수이다.⟨1000을 이용⟩
9의 배수 판정법: 3의 배수 판정법처럼 한다음, 더해서 나온 수가 9의 배수이면 전체가 9의 배수이다.
(2) 4의 배수를 판정하는 방법 증명: 4를 25번 더하면 100이 되니까 나머지 두자리수 빼고 다 통과. 나머지 두 자리수가 4의 배수이면 됨. 통과
(예) 7866 = 7800+60+6, 60+6=66, 66÷4=16⋯2, 7866은 4의 배수 X.

5의 배수를 판정하는 방법 증명: 5×2는 10이니까 10을 이용해서 일의 자리가 5나 0인지 본다.
(예) 366609905 → 36660990+5 ← 5는 5의 배수임. 366609905는 5의 배수0. (통과 통과)

8의 배수를 판정하는 방법 증명: 8을 125번 더하면 1000이 되니까 나머지 세자리 빼고 다 통과. 나머지 세자리 수가 8의 배수이면 됨. (통과 통과 통과)
(예) 37942824 = 37942000+800+32, 800+32=832, 832÷8=104 8의 배수0

(3) 3, 9의 배수를 판정하는 방법을 증명: a×1000을 a×999+a로 표현하는 이유는 999나 99, 9는 9와 3의 배수이기 때문이다. 그래서 나머지를 더해서 9와 3의 배수인지 그 수를 이용해서 알 수 있다.

(예) 3789

$3 \times 1000 + 7 \times 100 + 8 \times 10 + 9$
$= 3 \times 999 + 3 + 7 \times 99 + 7 + 8 \times 9 + 8 + 9$,
$3 + 7 + 8 + 9 = 10 + 17 = 27$, $27 \div 3 = 9$,
$27 \div 9 = 3$ 3789는 3과 9의 배수이.

(4) 7의 배수 판정법: 일의 자리 숫자를 떼어내어 그 수에 2를 곱한 다음, 빼가면 알 수 있다.

7의 배수 판정하는 방법을 증명:

$\square \triangle \bigcirc \diamondsuit = \square \triangle \bigcirc \times 10 + \diamondsuit = \square \triangle \bigcirc \times 10 + (\diamondsuit + 2 \diamondsuit - \diamondsuit \times 20) = \square \triangle \bigcirc \times 10 - \diamondsuit \times 20 + \diamondsuit \times 21 = \square \triangle \bigcirc \times 10 - \diamondsuit \times 2 \times 10 + \diamondsuit \times 21 = 10 \times (\square \triangle \bigcirc - \diamondsuit \times 2) + \diamondsuit \times 21$

↑
이식이 7의 배수가 되어야 함.

↓
7의 배수
통과

선생님의 한마디

배수 판정법은 주어진 수를 직접 나눠 보지 않고 수의 성질을 이용해서 쉽게 어떤 수의 배수인지를 알아내는 방법이야. 네가 작성한 탐구노트를 보니 책의 내용을 아주 잘 이해한 것 같아. 특히 3의 배수, 4의 배수, 8의 배수, 9의 배수 판정법의 증명은 아주 정확해.

특히 3과 9의 배수 판정법은 다음의 원리를 이용한 방법이라는 것을 잘 이해했어.

10=9+1
100=99+1
1,000=999+1

우리는 이 책을 읽고 2부터 9까지의 자연수(7은 제외)의 배수를 판정하는 방법에 대해 공부했어. 그런데 이것을 가지고 다른 수의 배수도 판별할 수 있단다.

예를 들어 6의 배수를 판별하면서 했던 2의 배수(yes)와 3의 배수(yes)를 응용해 볼게.

14라는 수는 2와 7의 곱으로 만들어져 있어. 그래서 14의 배수가 되려면 2의 배수 (yes), 7의 배수(yes)가 되어야 해. 그런데 만약, 18의 배수를 따진다면 조심해야 할 게 있어. 18은 3과 6의 곱으로 표현되기 때문에 3의 배수(yes), 6의 배수(yes)로 판단하면 안 돼.

왜냐하면 6이라는 수가 이미 3을 포함하는 수이기 때문이야. 그러면 18은 2와 9의 곱으로 다시 생각해서 2의 배수(yes), 9의 배수(yes)로 확인하면 서로 겹치는 것이 없기 때문에 18의 배수 판별이 될 거야. 어때? 이런 식으로 배수 판정을 한다면 아무리 큰 수가 주어진다고 해도 그 수가 어떤 수의 배수가 되는지 척척 알 수 있겠지?

3. 완전수, 과잉수, 부족수에 대해 탐구해 봅시다.

2013년 16일 금요일

〈완전수, 과잉수, 부족수〉

나는 저번주 목요일 약수와 배수 책에서 수학동화 시간에 완전수, 과잉수, 부족수를 배웠다.

첫번째로, 완전수란 자기 자신의 진약수의 합이 자기 자신이 되는 수이다. 예를 들어 6처럼 말이다. 6의 약수 : 1,2,3,6 6의 진약수 : 1,2,3 6의 진약수의 합 : 1+2+3=6 이다.

두번째로 과잉수란 진약수의 합이 자기자신 보다 큰 수이다. 예를 들어 18이 있다. 18의 약수 : 1,2,3,6,9,18 18의 진약수 : 1,2,3,6,9 18의 진약수의 합 : 1+2+3+6+9=21 18<21 이므로 18은 과잉수이다.

셋째로, 부족수란 진약수의 합이 제 자신보다 적은 수이다. 예를 들어 15처럼 말이다. 15의 약수 : 1,3,5,15 15의 진약수 : 1,3,5 15의 진약수의 합 : 1+3+5=9 9<15 이므로 15는 부족수이다.

내가 지금부터 10가지수를 쓰고, 그 수가 부족수인지, 과잉수인지, 완전수인지 구분해 보겠다.

① 16 - 16의약수 : 1,2,4,8,16 16의 진약수 : 1,2,4,8 16의 진약수의 합 : 15 16 - 부족수

② 19 - 19의약수 : 1,19 19의 진약수 : 1 19의 진약수의 합 : 1 19 - 부족수

③ 26 - 26의 약수: 1, 2, 13, 26   26의 진약수: 1, 2, 13
26의 진약수의 합: 16   **26 - 부족수**

④ 42 - 42의 약수: 1, 2, 3, 6, 7, 12, 21, 42   42의 진약수
: 1, 2, 3, 6, 7, 12, 21   42의 진약수의 합: 62
42 - 과잉수

⑤ 56 - 56의 약수: 1, 2, 4, 7, 8, 14, 28, 56   56의 진약수
: 1, 2, 4, 7, 8, 14, 28   56의 진약수의 합: 1+2+4+7+8+14+28
=64   **56 - 과잉수**

⑥ 98 - 98의 약수: 1, 2, 7, 14, 49, 98   98의 진약수
: 1, 2, 7, 14, 49   98의 진약수의 합: 1+2+7+
14+49 = 73   **98 - 부족수**

⑦ 28 - 28의 약수: 1, 2, 4, 7, 14, 28   28의 진약수
: 1, 2, 4, 7, 14   28의 진약수의 합: 1+2+4+7+14 = 28
28 - 완전수

⑧ 70 - 70의 약수: 1, 2, 5, 7, 10, 14, 35, 70
70의 진약수: 1, 2, 5, 7, 10, 14, 35   70의
진약수의 합: 1+2+5+7+10+14+35 = 74
74 - 과잉수

⑨ 62 - 62의 약수: 1, 2, 31, 62   62의 진약수
: 1, 2, 31   62의 진약수의 합: 1+2+31 = 34
62 - 부족수

⑩ 12 - 12의 약수: 1, 2, 3, 4, 6, 12   12의 진
약수: 1, 2, 3, 4, 6   12의 진약수의 합: 17

2과+4+6=16   12-과잉수

나는 위처럼 이렇게 10가지 숫자를 예를 들며
완전수, 부족수, 과잉수를 정확하게 나타내었다.
나는 이렇게 완전수, 과잉수, 부족수가 10가지
숫자안에서 나온것을 표로 만들어 보겠다.

완전수	부족수	과잉수
28	16	42
	19	56
	26	174
	98	
	62	

이 표를 작성한 결과 내가 예를 든 숫자를
아써는 부족수가 가장 많이 나오고, 완전수가
가장 조금 나왔다.
그런데 완전수는 많이 없어서 나는 알고있는
완전수가 6과 28밖에 없다. 그런데
과잉수와 부족수는 생각보다 꽤 많이 나왔다.
그런데 내가 예를 들어 숫자를 구할 때,
구안에 나온 숫자가 더 많은 약수가 나와서

 진약수(proper divisor)는 자기 자신을 제외한 양의 약수를 말해. 그러니까 진약수의 개수는 약수의 개수보다 딱 1개가 작은 거겠지?

임의의 수와 그 수의 진약수의 합을 구해서 비교했을 때, 두 수가 같으면 완전수가 되고, 진약수의 합이 더 크면 과잉수, 작으면 부족수가 된단다.

마지막으로 주어진 수들이 완전수가 되기 위해서는 각 수들의 진약수를 구해서 합을 구하고, 처음 수와 비교해 보면 되겠지?

처음 수		진약수의 합	진약수	수 이름
6	=	6	1, 2, 3	완전수
28	=	28	1, 2, 4, 7, 14	완전수
496	=	496	1, 2, 4, 8, 16, 31, 62, 124, 248	완전수
8,128	=	8,128	1, 2, 4, 8, 16, 32, 64, 127, 254, 508, 1,016, 2,032, 4,064	완전수

이런 완전수에도 규칙이 있을까? 훌륭한 수학자들도 아직 규칙을 발견하지 못했다고 하니, 우리 친구도 한 번 도전해 보길 바란다!